미술치료에서 본
마음의 세계

-풍경구성법과 나무그림검사를 활용한
정신분열병 치료 사례-

카도노 요시히로 지음
전영숙 · 유신옥 옮김

이문출판사

미술치료에서 본 마음의 세계

-풍경구성법과 나무그림검사를 활용한 정신분열병 치료사례-

펴낸곳 / 이문출판사 ‖ 변경등록:1994. 6. 3. 제7-20호
발행인 / 지경원 ‖ 옮긴이•전영숙,유신옥 ‖ 초판 / 2008.6.5 ‖ 재판 / 2011.11.25
주소 / 704-306 대구시 달서구 진천동 581-3 ‖ 121-844 서울 마포구 성산동 114-15
전화 / 02) 359-8250, 053) 624-3113 ‖ 팩스 / 02) 359-8251
값 10,000 원

ISBN 89-7334-141-2 93180

미술치료에서 본
마음의 세계

머리말

필자는 정신과 환자를 치료하는 과정에서 그들이 그린 수많은 그림을 보아왔다. 거기에는 그들이 표현해온 마음의 세계(정신세계)가 펼쳐져 있었다. 그리고 언어로 표현할 수 없었던 그들 세계로부터의 메시지가 그림에는 많이 포함되어 있었다. 환자들이 그린 마음의 세계가 너무나도 단적으로 표현되어 있어서, 나를 깜짝 놀라게 한 때가 적지 않았다. 그 그림들은 치료의 전환이 될 수 있을 정도의 영향력을 가지고 있었다.

필자는 일련의 그림 속에서 치료적인 영향력을 가진 상징과 자주 맞닥뜨린다는 것을 알아차렸다. 이 귀중한 상징들이 어디에서 회화의 세계로 왔는가를 끊임없이 고찰하는 것으로 마음의 세계를 파악하려고 노력해 왔다. 그 세계를 탐구하는 과정에서 융이 말해온 원형에 도달하게 되었다. 무엇보다 원형이 치료과정에 어떻게 관련되는가 하는 것이 제일 큰 관심이겠지만, 그다지 그림이라고 말할 수 있는 원형이 그려질 리는 없고, 거기에 나타난 상징을 볼 수밖에 없다. 그러나 치료 중에 일련의 상징들이 표현되어 가는 과정에서 환자들의 무의식에서 불러일으키는 내적 에너지가 치료에의 힘이 된다는 것을 깨달았다. 그와 같이 그림에 표현된 마음 세계에 어떠한 상징이 어떻게 움직이고 있는가를 알기 위해 한 사람 한 사람의 사례를 보면서 설명하려고 한다.

심리치료에 있어서 언어적인 접근은 말할 필요도 없이 가장 중심적인 위치를 차지하고 있다. 그러나 비언어적인 접근에 의한 미술치료법도 심리치료법 가운데에서 중요한 위치를 차지하고 있다. 그러나 미술치료는 아직 그 치료효과가 충분히 밝혀지지 않고 있어 치유적 이점이 그다지 많이 발휘되고 있지는 않다고 생각된다. 환자들이 그리는 선 하나하나가 아무리 가는 것이라도 그 상황에서 의미하는 것은 매우 큰 것이 될 수도 있다. 게다가 치료자-환자 관계는 그림을 만들어내는 것의 근원이 되기 때문에, 치료를 기본으로 한 상징을 쉽게 표현할 수 있을 것이다. 치료자와 환자와의 개인적인 치료관계를 가지고 그림을 만들어가는 경우뿐만 아니라, 그 그림 자체가 치료자-환자의 관계를 유지 발전시키고, 더더욱 치료과정을 새롭게 만들어간다고 생각한다. 미술치료법 자체는 아직 미지의 부분이 많아서, 치료적인 효과에 있어서도 앞으로 충분한 연구가 필요하다.

본서는 전반부에는 총론으로서 미술치료법의 일반적 내용에 대해 고찰하고, 후반부에는 각론으로서 사례를 중심으로 그림을 해설하고 있는데, 필자의 임상경험을 통한 미술치료에 대해 쓰여진 것이다. 개인적 견해에 치우치는 점은 널리 양해를 구하면서 조금이라도 임상에 도움이 되기를 바라마지 않는다.

2004년 3월 29일
카도노 요시히로

목 차

Ⅰ. 미술치료의 이해

제 1 장
미술치료의 역사적 관점

1. 들어가면서

정신과 치료나 심리치료의 세계에서는 대부분의 치료가 언어적 접근에 의해 이루어졌다. 그러한 가운데 환자의 그림에 대해서 임상적으로 관심을 가지기 시작한 것은 20세기 초로 거슬러 올라가야 한다. 역사적으로 그림이 임상장면에서 평가되기 시작한 것은 모르겐타러(1901년)나 모르(1906년) 등의 정신의학자들이 특징적인 형태나 디자인을 특정유형의 정신질환과 관련지으려고 한 것에서부터였다.

또한 프린츠 호른(1922년)은 어린이와 미개인의 그림에서 유사한 모티브나 색채 등이 관찰되는 것을 발견하고, 유럽의 정신병원에서 환자의 그림을 모아, 그것들을 어린이나 미개인의 그림들과 비교 검토하였다[1)1)]. 후에 그 그림들은 하이델베르그・컬렉션으로 남았지만, 임상적으로 도움되는 방향으로는 나아가지는 못했다.

그러던 중 그림이 가지는 임상적인 힘을 재발견하고, 그것의 해석을 시도하는 기초를 마련한 사람이 프로이드이다. 프로이드는 정신 분석을 창시하고, 정신의 역동적 관점에서 무의식의 영역을 발견하고, 그 구조를 분석하여 치료적 이점을 탐구함으로써 임상적으로 도움을 주려는 노력을 기울였다.

그 후 융이 무의식이 가진 치유력에 주목하게 되었다. 융은 「꿈은 무의식으로 가는 왕도이다」라는 프로이드의 말처럼 꿈이 가지는 치유력을 중시했으나, 그것뿐만 아니라 댄스, 모래상자놀이, 점토, 조각, 시가, 음악 등으로 표현하는 것이 많은 치료적 이점이 있음을 강조했다. 특히 융은 「미술치료는 일반적으로 우선 무의식의 파괴적인 힘에서 충분히 안전한 거리를 두고 환자의 마음을 파악하는 방법으로서 유효하다. 정신적(내적) 세계를 표현하고 또한 그림에 감정을 나타내기 위하여 색을 사용하는 방법도 유효하다」[2]고 그림의 유효성에 대해서 말하고 있다. 융은 인간의 무의식 혹은 표현된 상징 속에서 신경증, 정신병의 발병이나 증상 그리고 치료의 힌트가 많이 감춰져있다고 주장해왔다[3]. 그림을 그리는 것은 병의 증상을 악화시키지 않는 안전성과 인간 마음의 심층에 있는 치료에의 추진력을 동시에 가지고 있는 치료법이라 할 수 있다.

2. 그림에 대한 프로이드의 견해

프로이드는 자신의 정신분석을 사용하여 처음으로 그림을 가지고 그린 사람의 마음을 해석했다. 특히 예술작품인 레오나르도 다빈치의 「모나리자의 미소」(1910년)와 「성안나와 성모자상」(1910년), 미켈란젤로의 「모세상」(1914년)에 대해 프로이드는 상세한 분석을 시도했다[4].

프로이드는 레오나르도 다빈치가 「모나리자의 미소」를 통해 자신 속에 있는 여성상을 그렸다고 주장했다. 모델은 당시 피렌체 사람인 프란체스코 델 죠콘더 부인이라고 말하고 있는데, 레오나르도 다빈치는 그 초상화를 완성하지 못하고 그가 죽기 전까지 늘 바로 옆에 두고 있었다. 이것은 프란체스코 델 죠콘더 부인을 모델로 하고 있지만 자신의 영원한 여성상을 그린 것이 분명하다고 말할 수 있다. 또한 프로이드는 레오나르도 다빈치가 「모나리자의 미소」 속에서 그린 여성상은 그의 어머니상과도 연결되어 있음을 지적하고 있다.

레오나르도 다빈치가 그 어머니상을 가장 명확히 그린 것이 「성안

[모나리자의 미소]

[성안나와 성모자상]

나와 성모자상」 이다. 이 그림에 그려진 두 여성은 마리아와 그 어머니인 성안나이다. 또한 아이는 그리스도이다. 그러나 프로이드가 분석하기에는 이 두 여성들은 레오나르도 다빈치의 두 어머니상이라고 생각하였다. 실제 그는 5살까지 길러준 친어머니와 그 후 양자로 가게 되어 거기서 길러준 양어머니와 2명의 어머니를 가지고 있었다. 모나리자 속의 미소에서 그는 자신의 어머니상을 창조시켜 그림으로

미켈란젤로의 [모세상]

표현할 수 있었다. 그리고 「모나리자의 미소」에서 창조하고 만들어진 어머니상을 「성안나와 성모자상」 속에서 잘 표현하였다. 거기에는 다름 아닌 레오나르도 다빈치가 가진 내면의 어머니 상을 투사한 모습을 그렸다고 프로이드는 분석했다.

회화가 아닌 조각이지만 미켈란젤로의 「모세상」에 대해서도 프로이드는 상세한 분석을 하고 있다. 프로이드는 우선 예술작품에서 느껴지는 감동의 이유나 근거가 무엇인가를 이해하고 싶어 했다. 그리고 예술작품 속에서 표현된 의미나 내용을 발견하지 않으면 안된다고 말하고 있다. 따라서 그러한 예술작품은 해석이 필요하다는 것과 그리고 그 해석을 한 후에 비로소 왜 그렇게 강한 인상을 받았는가 하는 이유를 알 수 있다고 한다. 그 때문에라도 예술작품을 분석할 필요성이 있다. 작품뿐만 아니라 예술가나 그린 사람 자신의 내면 분석을 위해서도 필요하다.

미켈란젤로가 「모세상」에서 표현한 것 속에는 미켈란젤로 자신의 성격이 작품창조의 과정을 통해 비판을 가함으로써 자기 자신을 향상시키고 그 자신을 훈계하기 위한 표현을 포함하고 있다고 프로이드는 분석하고 있다. 실제로 프로이드는 1930년에 미켈란젤로의 「모세상」을 연구하고 계측하고 스케치하기 위해 3주간을 보냈다. 그 작업을 통하여 모세상을 충분히 이해하게 되었다. 그는 이 예술작품을 분석하고 해석하는데 20페이지 이상을 기술했다. 프로이드는 「모세상」에 미켈란젤로의 심층심리가 크게 작용하고 있음을 잘 알 수 있었다.

프로이드는 일반적으로 예술작품은 예술가의 혼이 깃든 마음 심층의 상징적인 표현으로 보고 있다. 그러므로 예술작품 즉 그림은 그린 사람의 마음 심층을 상징적으로 표현하고 있는 것을 발견했다. 프로이드는 그림의 해석을 우리들에게 눈 뜨게 해준 선구자이다. 프로이드는 그림을 가지고 그것을 그린 사람의 정신분석을 위해 사용했다. 앞의 레오나르도 다빈치의 경우도 어머니 품에 포근하게 안겨있던 유아의 소망을 충족하고자 하는 그림으로, 프로이드는 이 그림에서 레오나르도 다빈치는 그림에 그려진 인물 속에서 그 자신의 불행했던 애정생활을 부정하고 예술로 승화시켰을 것으로, 그의 일련의 작품을 보면서 날카롭게 분석하고 있다. 그러나 프로이드는 그림이 예술가가 아닌 일반 환자들에게 치료나 창조적인 삶의 방법을 인도해 준다는 생각을 반드시 가졌던 것은 아니다.

3. 그림에 대한 융의 견해

융은 그림 해석에 있어 오늘날의 이론의 기초를 만들었다. 융은 그림에 표현된 상징에 주목했다. 그림에 표현된 상징은 확실히 융이 말한 무의식에서 나온 것이다. 그 그림에 표현된 상징이 그린 사람의 치유력을 불러일으킨다. 융은 저서 『리비도의 변용과 상징』[5)]에서 집합적 무의식을 창조적인 근원 즉 이미지와 상징의 근원으로 간주했다. 그것이 프로이드와 결정적으로 다른 점이다. 그러므로 융의 관점에서라면 그림 자체가 이미지와 상징이 표현된 것이며, 그 내용을 치료자가 어떻게 이해하는가가 치료의 초점이 된다. 즉 치료자는 환자가 표현한 그림 속에서 치유력을 가진 상징을 빨리 알아차리고 그것을 환자에게 돌려주어 의식에서 받아들이게 하는 것이다.

또 융의 생각은 집합적 무의식 또는 개인적 무의식의 영역은 이미지나 상징을 통해 예술 속에서 표현될 수 있다는 것이다. 이들 이미지나 상징은 회화만이 아니라 조각, 시, 무용, 음악, 문학, 그리고 많은 다른 표현양식에서 나타난다. 그렇기 때문에 인류의 창조적 측면에서 오는 표현이라고 하는 것이다. 이 내용은 무의식 즉 창조성에 기원을 두고 있다. 융의 관점에서 말하면 치료의 궁극적인 목표는 인간이 가진 창조성을 발휘하게 하는 것이다. 창조성이 충분히 그 사람을 움직이게 한다면 저절로 증상이나 고통에서 해방된다고 한다. 그러기 위해서는 치료자가 환자와 협력해서 무의식의 이미지나 상징을 어떻게 이끌어 내는가가 중요하다. 이것에 도움 되는 치료법으로서 융은 그림을 심리치료법의 하나로 자리매김했던 것이다.

나아가 융은 스스로 그린 그림을 사용해 자기분석을 하고 있다. 융은 자신의 무의식에서 끓어오르는 이미지를 차례로 그림으로 그렸다. 그리고 그 그림을 사용해 이미지를 심화시키고 그 안에 있는 정서 나아가 배후에 있는 이미지를 의식화해 갔다. 그 과정 속에서 융은 이들 그림 속에 스스로를 치유하는 힘이 숨겨져 있음을 깨닫게 되었다. 이들은 어떤 특징을 가지고 있었다. 이들 하나에는 원이나 사각 형태가 새겨진 만다라 같은 형태를 한 것이었다.

최초로 융이 자기분석을 필요로 했던 때는 1913년 프로이드와 헤어진 후였다. 그것은 융이 자신의 방향성을 완전히 잃었기 때문이고 그 스스로 독자적인 심리학적 입장을 추구하지 않으면 안 되었기 때문이다. 이후 그는 고통의 길로 나아가게 되는데, 도중에 정신병에 가까운 상태에 이르기도 했다. 그러나 그는 자신의 무의식에서 떠오르는 공상이나 내용을 포착하여 통찰하고 그것들과 맞서고자 하였다. 그

융의 [만다라]

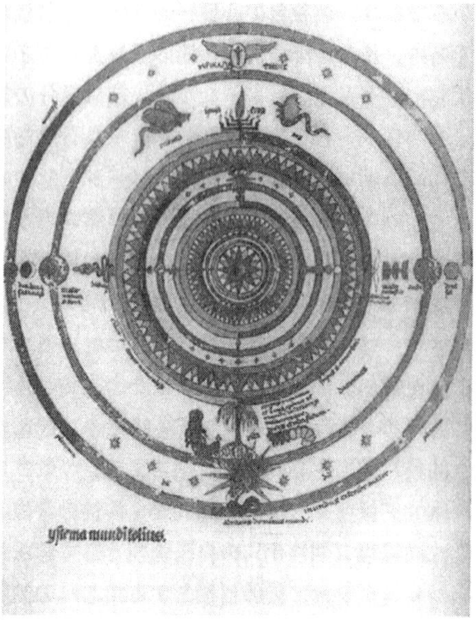

과정은 강한 정서를 동반했으나 이미지로 표현된 것은 융의 개인적인 내용보다 신화적인 성질을 띤 깊은 마음의 심층에서 유래했다. 그러나 후에 이것은 융 사상의 중요한 부분인 집합적 무의식으로 연결된다. 그 속에서 그는 많은 그림을 그렸고 1916년에 비로소 만다라가 나타나게 되었다. 그 뒤로 그는 수많은 만다라를 그렸다. 만다라는 그 역사가 구석기 시대까지 거슬러 올라간다. 그리고 세계 각지에 그 기원이 존재하고 있다. 더욱이 집합적 무의식의 중심적 존재인 원형(핵)이다.

융은 만다라를 인간적인 전체성의 상징으로 혹은 마음의 중심지향 과정(개성화)의 자기표현으로 해석했다. 융이 반복해 그렸던 만다라는 그가 목표로 하는 중심으로의 회귀이고, 그 중심으로 향하는 과정이 본래의 개성화 과정의 길로 통하는 것을 깨달았다. 그는 만다라를 그림으로써 스스로 나아갈 길을 발견하고, 그것을 개성화의 과정으로 부르면서 인류공통의 재산이라고 주장했다. 또한 그 과정에서 치유로 향하는 방향성도 구비하고 있다는 것을 이해하게 되었다. 원래 융이 심리치료에 그림을 적용하게 된 큰 이유는 융 스스로가 자기 분석을 위해 만다라를 그림으로써 마음의 치유를 체험하였기 때문이다.

현대의 심리치료자들은 융뿐만 아니라 마음의 병을 앓는 많은 환자들이 회복기에 만다라의 특징을 가진 그림을 그리고 있는 것을 알게 되었다. 이 만다라야말로 인류공통의 집합적 무의식에서 나온 회복의 상징일 것이다. 융은 가장 일찍 그리고 스스로의 체험으로 그림이 가지는 치유력을 실제로 증명해보였다. 심리치료자는 환자들이 그린 그림 속에서 만다라가 아니더라도 치유력을 겸비한 상징을 어떻게 해독할 것인가 하는 것이 그림을 치료에 활용하기 위한 가장 중요한 문제이다. 이것을 융 자신이 직접 증명해주고 있다.

4. 그림에 대한 프로이드와 융의 견해 차이

우선 프로이드와 융의 큰 차이는 무의식의 의미이다. 프로이드는 무의식을 떠올리게 되면 고통을 동반하기 때문에 그것은 개인적으로 억압된 표상이나 정서에서 이루어지고, 거기에는 의식과 양립할 수 없는 모든 것이 가득 들어가 있다고 생각했다. 융은 무의식을 창조적인 종류의 집합적인 마음의 요소로 생각했다. 따라서 무의식은 모든 인간의 가능성이 숨겨진 내적세계이고 치료에 있어서도 그 방향성을 가지고 있다. 이와 같이 프로이드와 융이 큰 차이를 보인 것은 융의 저서 『리비도의 변용과 상징』을 출판한 때부터였다. 그것은 프로이드의 무의식 개념과 전혀 다른 것이었다. 그때까지 융과 프로이드는 같은 정신분석을 넓혀간 동지이고 사제였다. 융은 그의 저서에서 무의식의 내용에는 개인적인 내용으로 의식에서는 기억되지 않은 개인적 무의식과, 모든 인종적 차이와 모든 문화나 의식의 차이를 넘어 공통의 기반을 가진 집합적 무의식이 인간의 마음에는 존재하고 있다고 주장했다. 그 집합적 무의식이야말로 사람 마음의 심층에 존재하는 풍부한 신화적 모티브나 이미지 그리고 상징이 활동하고 있는 영역이다. 이러한 집합적 무의식의 유무가 프로이드와 융의 결정적인 차이점이다.

그 차이는 그림을 보는 방법에서도 분명하다. 프로이드는 그림이 표현하는 세계는 그린 사람 개인의 내면을 반영하는 것에 지나지 않는다고 생각했다. 융은 그림이 표현하는 세계는 그린 사람 개인의 내면만이 아니라 그 개인을 통해 인류 공통의 이미지나 상징을 표현한다고 생각했다. 이 생각은 융이 말하는 집합적 무의식과 개인적 무의식의 영역이 그림에 표현된 내용의 근원이라는 것을 나타내고 있는 것이다.

더욱이 융은 예술작품에도 집합적 무의식 또는 개인적 무의식의 영역에서 이미지나 상징이 생겨나 표현된다는 것을 알게 되었다. 이것을 도식화한 것이 그림1이다. 즉 인간의 내면에 존재하는 집합적 무의식에서 발생된 상징이 의식까지 도달하면 거기에서 여러 가지 이미지가 분화하여 자아에 받아들여진다. 그리고 자아는 이들 이미지를 통해 집합적 무의식을 통찰하거나 의식화한다. 이 내적 작업에 의해 인간은 마음의 밸런스나 항상성을 회복한다. 예술작품에서든 환자가 그린 그림에서든, 표현되어 나온 것은 인류공통의 창조적인 측면에서 나오는 것이다. 그것은 역시 집합적 무의식이고 창조성을 가진 무의식 즉 창조적 무의식이라 해도 좋다.

창조적 무의식에는 마음의 평형을 유지하는 항상성(homeostasis)의 작용이 있어, 마음에 특히 자아에 파괴적 장애를 초래하는 무의식의 힘을 약화시켜 준다. 그래서 마음의 항상성을 유지할 수 있다. 즉 창조적 무의식에서 그리는 행위 그 자체가 치료적인 작용을 하도록 한다. 사람에게 갖추어진 심층에서 생긴 창조성이 병든 마음에 밸런스를 회복시켜 거기에 치유적인 효과를 가지고 오기 때문이다. 마음의 밸런스나 평형을 회복하여 유지하는 작용은 이미지나 상징의 작용에 의해 강화된다.

따라서 치료자에게는 창조적 무의식(집합적 무의식)에서 그림으로 표현된 이미지나 상징을 읽어내어 분석하고 의식화하는 것이 필요하다. 이 작업에 의해 환자와의 치료적인 관계를 강화하여 치료효과를 이끌어낸다. 이 치료과정은 치료자-환자 관계에서 그림을 매개로

그림1 자아와 무의식의 관계에 대한 상징과 이미지

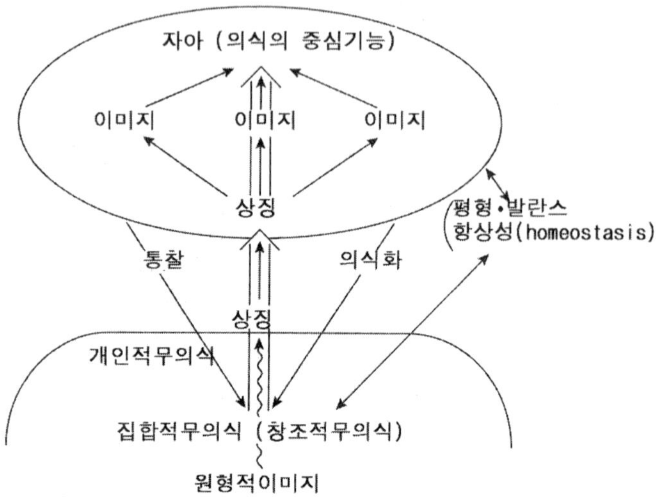

그림2 그림을 통한 치료자와 환자의 관계

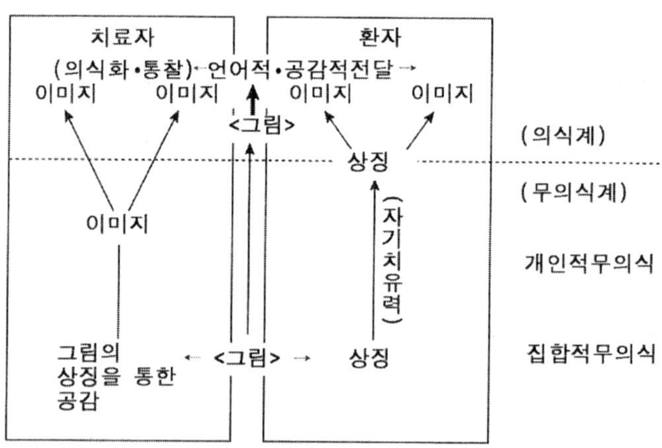

하여 발생한다. 이것을 도식화 하면 그림2가 된다. 다시 말하면 치료자와 환자의 관계를 통해 제3의 대상물 즉 그림이 산출된다. 우선 그림을 그릴 때 환자는 스스로의 집합적 무의식 수준에서 그림을 산출하는 원동력이 되는 상징을 떠올리게 된다. 치료자는 그 그림을 보고 거기에 나타난 상징을 알아차린다. 그리고 치료자는 그 상징에서 생기는 여러 가지 이미지를 의식화할 수 있다. 이 각각의 이미지에서 치료자는 그 그림을 깊은 의미로 이해할 수 있다.

한편 환자는 스스로 그려낸 그림에서 상징에 의해 자연과 자기치유력을 무의식 속에서 활성화 시켜나간다. 그리고 환자의 의식에서도 그 상징이 만들어낸 이미지들을 의식화할 수 있으므로 한층 더 치료의 효과를 높일 수 있다. 이러한 과정에서 치료자가 환자와의 사이에서 그림을 통해 집합적 무의식의 수준에서 그 상징을 어디까지 공유할 수 있고 또 공감할 수 있는가 하는 것이 치료의 중요한 포인트가 된다.

그리고 치료자가 환자의 그림에서 나타난 상징을 통해 어느 정도 의식 수준에서 언어적으로 이미지들을 환자에게 전할 수 있는가가 그 다음 중요한 포인트가 된다. 그림-상징-이미지-치료자-언어적 해석-환자-이미지-상징-그림이라는 흐름이 순환함으로써 한층 더 환자의 내면에서 그림에 의한 치유효과는 높아질 것이다. 하지만 필자는 의식 수준에서 환자의 이미지에 대한 의사소통이 비록 언어적 차원에서 잘 되지 않더라도, 치료자가 무의식 수준에서 그림을 통해 환자의 상징이나 이미지를 공유하고 공감할 수 있는 것만으로 그림을 통한 치료법은 충분히 치유적인 효과를 발휘한다고 생각한다.

융은 「임상은 예술이다. 진실로 예술은 창조다. 창조는 모든 이론을 초월한다. 그리고 마찬가지로 치료분석에도 매우 적합하다」[6)]라고 말한다. 예술은 예술가만의 것이 아니라 참된 예술은 집합적 무의식을 통해 인류 모두에게 표현될 수 있는 것이다. 더욱이 마음이 병들어 있는 환자들도 그 예술적 창조성은 충분히 갖추고 있다. 치료는 치료자가 환자에게 그 창조성을 어떻게 발휘하도록 도울 수 있는가에 달려있다. 융의 관점에서 그림은 치료 수단의 하나로 매우 유용한 방법으로 이해되었다. 무의식 개념의 확장(그 창조성)과 치료에의 가능성이나 공헌에서 생각해 보면 융의 견해는 미술치료와 통하는 것이라 할 수 있다.

5. 미술치료의 발전

현재 취리히 융 연구소에서는 융의 견해에 근거한 심리치료적 미술치료법이 계승되고 있다. 특히 취리히 융 연구소의 처음 소장을 맡았던 폴 브리체 박사는 런던에서 활약하고 있는 스잔 바하 박사나 미국에서 활약하고 있던 그렉 파스 박사와 협력하면서 융 학파의 분석에 의한 미술치료를 추진하고 있다. 또한 수년전에 세상을 뜬 스잔 바하 박사의 업적을 살릴 목적으로 폴 브리체 박사가 중심이 되어 취리히에 스잔 바하 재단을 창설했다. 융 연구소에서는 그림에 의한 치료 분석은 필수 연수내용이고 졸업 시험의 필수 과목이기도 하다. 현재까지 융의 그림에 의한 치료법이 계승되고 있다.

일본에서는 심리 테스트에 의한 미술치료법은 이전부터 도입되어 여러모로 임상 현장에서 응용되어왔다. 그러나 융 학파의 심리치료 흐름을 따르는 미술치료법은 아직 일본에 도입되지 않았다. 필자는

1993년에 융 연구소에서 일본에 귀국한 이래 융 학파의 분석에 의한 미술치료법을 일본에 소개해 왔다. 또한 앞에서 서술한 스잔 바하 박사(1990년)의 저서와 그렉 파스 박사(1988년)의 저서를 일본에서 번역, 출판하여 융 학파의 분석에 의한 미술치료법을 소개하였다.[*] 앞으로 융 학파의 분석에 의한 미술치료법은 많은 발전이 있을 것으로 기대된다.

* 필자는 스잔 바하 재단의 지원으로 Bach, S. : *Life Paints Its Own Span-The significance of spontaneous Pictures by severly ill children,* Daimon.1990(老松克博・角野善宏 역『생명은 그 생애를 그린다 - 중병환자 어린이가 그린 자유화의 의미, (生命はその生涯を描く一 重病の子どもが描く自由画の意味) 』誠信書房, 1998년)를 일본어로 번역해서 출판했다. 또한, Furth, G. : *Secret World of Drawings - healing through art.* Sigo Press. 1988(老松克博・角野善宏 역『그림이 말하는 비밀 - 융 학파 분석가에 의한 그림치료의 입문(絵が語る秘密 ユング派分析家による絵画治療の手引き) 』日本評論社、2001년)을 일본에서 출판했다.

---

1) Prinzhorn, H.: Bildnerei der Geisteskranken. Springer - Verlag, 1922.
2) Jung, C.G.: The Psychogenesis of Mental Disease, The Collected Works of C.G.Jung. Vol.3, Pantheon Books. 1960.
3) Jung C.G.: *Symbols of Transformation,* The Collected Works of C.G. Jung. Vol.5,Pantheon Books. 1956. (野村美紀子 譯『変容の象徵』筑摩書房、1985年)
4) Freud, S.: *Gesammelte Werke Bd. XIV*. Imago Publishing Co., Ltd, London.1948.(高橋義孝 外 譯『フロイト著作集3 文化・芸術論』人文

書院, 1969年)

5) Jung, C.G. 2 앞의 책

6) Baynes, H. G.& Cary F.: *Contributions to Analytical Psychology.* London:Kegan Paul, Trench, Trubner & Co. Ltd., 1928.

제 2 장
심리임상에 있어서 「그림」의 위치

1. 융 학파 분석 심리학에서 본 그림의 위치

그림은 심리학의 분야에도 보급되어, 바움테스트 등 심리테스트 즉 심리평가 분야로 발전해 왔다. 우리들은 확실히 그림을 통해 그린 사람들의 정신 구조나 인격의 특징에 보다 가까이 접근할 수 있게 되었다. 그 노력과 업적이 오늘날 그림 검사법으로 확립되었다. 그 때문에 그림이 가지는 치료적인 측면이 그다지 강조되지 않았다. 그러나 융은 그림이 가지는 치료적 측면을 강조하고 활용한 점에서, 융 학파의 정신 분석가들은 그림을 정신 분석을 위해서 뿐만 아니라 수많은 임상에 유용하게 적용하였다.

특히 야코비[1], 바하[2], 파스[3]는 환자의 그림을 마음의 표현으로 받아들여, 거기에서 간파되는 상징을 이해하고 무의식이 가진 치유력을 끌어내는 것으로 그림을 치료에 활용하고 있다. 그래서 심리 테스트 즉 심리평가로서의 그림검사법과 심리치료로서의 미술치료법과는 엄밀히 구별된다고 생각한다.

그러나 한편으로는 심리테스트와 심리치료법은 명확히 구별할 수 없고, 구별하는 것 자체가 의미가 없다고 생각할 수도 있다. 본래 이 두 가지는 미묘하게 서로 얽혀 있어 서로 동시에 그 작용이 이루어지고 있다고 할 수 있다. 단 심리 테스트만을 목적으로 한 그림검사법과 심리치료법을 충분히 도입한 미술치료에서는 저절로 그 방향성이 완전히 달라지는 것이다. 이것에 대해서는 좀 더 상세히 다음 장에서 말하고자 한다.

2. 그림에 대한 필자의 견해

그림을 심리평가 수단으로 사용하려고 하는 입장이 있다. 거기에는 검사자와 치료자가 각각 존재하는데, 이러한 심리치료법에는 업무분담의 장점도 있겠지만 단점도 있다. 아래에 그 장점과 단점을 들어본다.

(1) 장점은 어디까지나 객관적인 진단에 도움 되는 검사(심리테스트)를 할 수 있는 것이다. 개인적인 감정이 들어가지 않는다. 피검자의 병리성을 보다 잘 알 수 있다. 치료자는 환자가 검사로 괴로울지도 모르는 모습을 보지 않고 끝난다. 환자 또한 그러한 자신의 모습을 치료자에게 보이지 않고 끝난다.

(2) 단점은 환자에게 있어 치료자가 아닌 다른 사람이 검사하는 것 자체가 마음에 큰 위협을 주어서 환자를 필요 이상으로 피곤하게 한다. 검사를 할 때 환자는 태도가 경직되고 전반적으로 긴장하게 됨으로써 검사결과는 본래의 정신상태보다 나쁘게 나오는 경향이 있

다. 그 나쁜 결과에 의해 치료자는 비관적인 판단을 해버릴 우려가 있다. 검사를 받을 때 평상시와 다른 환자의 모습을 관찰할 수 있는 기회를 놓쳐버린다.

이러한 접근 방법을 미술치료의 관점에서 볼 때, 그림을 치료과정 속에서 심리 검사로서만 활용한다는 생각은 필자로서는 회의적이다. 임상심리사가 검사자로서 검사에만 관계하는 경우 피검자의 마음을 이해하는 것과 치료와는 별개의 것이 되어 버리기 때문이다. 이러한 필자의 생각은 아직 임상심리학의 세계에서는 충분히 인식되지 않고 있다. 필자의 생각으로는 피검자(환자나 내담자)를 그림을 통해 이해하는 것과 그들을 치료하는 것은 본래 동시에 이루어지는 것이다.

설리반(1953년)은 정신치료에 있어서 치료란 환자를 객관적으로 관찰하는 엄격함이 필요하다고 하면서도, 서로 신뢰관계를 가질 수 있는 따뜻한 관계가 요구된다고 말하고 있다[4]. 그것은 「참여적 관찰」로, 치료에서 기본적인 가르침이 되고 있다. 그림에 있어 「참여적 관찰」는 낭연히 관여가 그림을 통해 피검자의 마음을 이해하면서 치료관계를 가지는 것이고, 관찰은 그림을 심리검사의 관점에서 객관적으로 판단하고 진단하는 것에 해당한다고 생각된다.

이러한 설리반의 생각에서도 그림 그리는 행위는 심리평가와 심리치료 양면이 동시에 작용하고 있다고 보는 것이다. 이러한 의미에서 필자는 심리임상에서 그림이 심리평가로서만 존재한다는 생각에 대해서 이의를 제기하고 싶다. 심리치료적으로 양면이 동시에 작용하는 것이야말로 그림의 의미가 있다고 생각한다. 따라서 검사자가 심리평가 즉 심리검사를 행하기 위한 목적만이라면 회의적이지만, 검사자에게 치료적 배려가 있다면 심리 검사는 피검자에게 유익한 것이라 생각한다.

필자의 생각은 검사자의 존재를 인정하지 않는다기보다, 순수한 심리검사라 하더라도 치료적 배려가 필요하다는 것이다.

3. 그림이 가지는 치유력

(1) 미술치료의 치료적 이점은 우선 무엇에 관해서라도 환자가 그리고 있는 그 과정을 옆에서 쭉 지켜 볼 수 있다는 것이다. 치료자가 계속해서 지켜보는 가운데 환자는 편안한 마음으로 자신의 내적 세계를 표현할 수 있다. 치료자와 환자 사이의 이 지켜보는 분위기야말로 치료에 있어서 매우 중요한 것이고, 그 속에서 환자의 내적 세계를 표현하고 그것을 치료자가 받아들임으로써 보다 더 큰 치료효과를 가져온다. 구체적으로 그리는 선 하나하나가 환자가 가지는 불안, 공포, 당황스러움, 용기, 그리고 희망을 표현한다. 그것이 순간적으로 치료자에게 전해지는 것이다. 그 때 환자의 감정이나 분위기가 치료적 공감을 낳는다.

(2) 두 번째로 그림은 치료자와 환자가 만들어낸 치료적 분위기 속에서 생산된다는 것이다. 그림은 치료자와 환자 사이에서 생겨난 제3의 대상물(The Third Object)이다. 그림은 지금까지 존재하지 않았던 제3의 것으로 치료 현장에서 나온 치료자-환자-제3의 대상물이라는 삼각관계가 새롭게 생긴다. 이것은 치료자와 환자 사이에 나타날 수 있는 전이·역전이 관계를 막아주는 중간적 존재가 만들어졌음을 나타낸다. 제3의 대상물이 그 중간적 존재인 것이다. 그림이 완성된

후 환자는 치료자와 나란히 제3의 대상물(그림)을 바라보며 환자의 연상에 대해 이야기 듣기도 하고 서로 감상을 이야기 할 수도 있다. 그러한 이야기는 환자가 가지는 내적 세계를 치료자와 함께 객관적으로 관찰할 수 있는 강한 치료적 이점이다.

이렇게 (1)(2)의 생각은 환자를 충분히 지켜보는 모성적인 관계와 그림 자체를 객관적으로 판단하는 부성적인 관계의 양면을 가지고 있는 것을 의미한다[5]. 이것은 설리반이 정신과 치료에서 무엇보다 필요하다고 한 「관여하면서의 관찰하기」 와 같은 생각으로 서로 통한다.

(3) 세 번째로 그린다는 그 자체가 치료적이라는 것이다. 그림에 의해 환자는 스스로 자기 치유력을 활성화 하게하고, 구성력이나 구상성의 회복을 스스로 도모할 수 있다. 이것은 언어에 의한 면접에서 말로 주고받는 이상의 치유력을 가지고 있다.

(4) 네 번째로 그림을 그린다는 것은 자신의 작품을 생산한다는 것이고, 스스로의 창조성을 살리는 행위이다. 거기에 기분 좋은 느낌과 일종의 만족감이 동시에 발생한다. 환자가 자신의 작품에 수반하는 좋은 기분을 감각적으로 느낄 수 있을 때 큰 치료효과를 낳는다. 이러한 면에서 모든 그리는 행위는 카타르시스 효과를 가지고 그 카타르시스 과정에서 상징은 내면의 에너지를 활동시켜 치유과정을 촉진시킨다.

(5) 마지막으로 환자에게 직접치료적인 의의가 있음이 명백하다. 또 그림을 그리게 하는 것은 치료자에게도 큰 힘이 된다. 그것은 환자의 병적인 부분밖에 관심을 갖지 못할 때 생각지도 않은 건강한 부분을 알게 되는 것이다. 그 의외성을 만나게 되면 치료자의 감동이 환자

에게도 전달되어 급격한 치료 효과를 보는 경우가 많다. 이런 일이 반복됨으로써 치료자는 환자와의 관계를 보다 더 진전시킬 수 있고, 치료 의욕을 잃는 일 없이 좋은 치료관계를 유지할 수 있다. 마츠이는 이처럼 풍경구성법이 치료자에게도 치유적인 효과를 가진다고 서술하고 있다[6].

4. 심리 임상에 있어서 미술치료 실시 방법 연구

필자는 미술치료 방법에 있어서 대개 그림에 테두리법을 사용하는 것으로 시작한다. 즉 도화지에 테두리를 그리는 것으로 시작할 때가 많다는 것이다. 그리고 지시하는 방법(그릴 것을 치료자가 지정하는 방법)으로서 나무그림을 권한다든지 또는 풍경구성법을 권한다. 때로는 지시하지 않고 자유화를 그리게 하여 진행한다.

여기서 필자가 말하는 나무그림이란 바움테스트와는 다르며, 지시는 단순하게 「한 그루의 나무를 그리세요」 라고 한다. 그리고 연필이 아닌 사인펜으로 그리도록 하고 그 후에 크레용 또는 크레파스로 색칠하여 완성하게 한다.

(1) 테두리법(나카이)[7]은 그림을 그릴 때에 환자나 내담자를 충분히 보호하기 위해 실시하는 방법이다. 편안한 마음으로 그리지 않으면 진정한 치료가 되기 어렵기 때문이다.

(2) 테두리를 치게 하고 그 다음에 그림을 그리도록 요구하는데 그것이 나무 그림이다. 왜냐하면 나무는 인간 전체상을 표현하는 것으로 적절하며, 모습이 사람과 닮았기 때문이다. 또한 사람도 나무

도 신체를 표현하고 있고, 둘 다 성장하고 커나가는 것이 정해져 있는 생물이기도 하다. 나무에는 자신의 모습을 투사하기 쉽고 미래의 성장에 대한 기대도 담을 수 있는 이점이 있다. 어째든 우선 나무그림으로 대략적인 인간 전체상을 관찰한다.

(3) 다음은 풍경구성법(나카이)[8]으로, 상세하고 보다 깊은 인간의 내면을 표출시킬 수 있다. 예를 들면 인간의 정신내적 세계, 병리성, 치유력 등을 이해 할 수 있다. 이러한 이점에서부터 심리평가로서의 힘과 치유력을 촉진하는 힘 두 가지를 동시에 가지고 있다.

풍경구성법 뿐만 아니라 일반 미술치료방법에 있어서도 그리는 사람은 처음이나 도중에라도 그림을 거부하고 거절할 수 있는 자유를 보장받을 수 있어야 한다. 이것은 그림에 의해 증상이 악화되는 것을 막고 치료적이 될 수 있게 한다.

풍경구성법이라고 하는 것은 오랜 기간 동안 그림그린 사람의 내면에 또렷한 기억을 남기게 한다. 풍경구성법에는 그림 자체를 그린 사람 속에 정착시키는 힘을 가지고 있다는 것을 의미한다. 특히 안정된 상태에서 그려진 풍경구성법은 그린 사람 기억에 오래 남는다. 한편 회복과정 중에 있어서 아직 변화하고 있는 불안정한 상태에서 풍경구성법을 그린 사람은 그다지 기억하고 있지 않다. 따라서 풍경구성법은 그리는 사람에게, 불안정한 풍경구성법은 그다지 기억에 남지 않게 하고, 안정된 풍경구성법은 기억에 남게 하는 신비한 힘을 가지고 있다고 말할 수 있다. 이것은 그린 사람에게 안정된 풍경구성을 기억에 오래 남겨둘 수 있어 재발을 방지해주는 힘도 갖추고 있다고 생각된다.

또한 필자는 반드시 나무그림을 풍경구성법보다 먼저 실시할 필요는 없다고 생각한다. 확실히 그런 사람의 전체적인 상을 알기 위해 나무그림은 적합하다. 그러나 풍경구성법 후에 나무그림을 실시해도 양쪽 그림의 본질은 손상되지 않는다.

그런데 필자는 그림을 사용한 어느 심리치료과정의 보고에 관계한 적이 있었는데, 거기서도 내담자가 모래상자를 만들 때나 풍경구성법을 행할 때도 반드시 그 직전에 나무그림을 그리게 하고 그 후에 편안한 마음으로 각각 모래상자나 풍경구성법을 실시하게 했다. 이것은 내담자가 먼저 나무그림을 그림으로써 자신의 정체성을 확인하고, 그 다음에 내적 과정을 진행하기 위해 모래상자기법이나 풍경구성법 쪽으로 진행하는 것이 훨씬 좋다고 생각되었다.

이 사례의 경우는 심리치료 과정에서 반드시 나무그림이 선행되고 다음에 모래상자기법이나 풍경구성법을 실시하는 순서였다. 나무그림을 그리는 것은 일종의 의례적인 절차인 듯 하고 모래상자나 풍경구성법을 통해 내담자가 내면으로 나아가도록 하기 위해 보호하기 위한 장치인 듯하다. 따라서 이 사례에서는 처음에 나무그림을 반드시 먼저 그리고, 그다음에 모래상자 기법이나 풍경구성법에 들어간다는 형태를 취하도록 정해져있었다.

(4) 마지막으로는 자유화를 그린다. 지금까지는 치료과정 중에 우선 테두리 그리기, 나무그림, 풍경구성법에 의한 그림을 지시 받아 계속 그렸다. 마지막으로 자유화를 그리게 하는 것은 스스로의 연상으로 원하는 것을 자유롭게 그릴 수 있게 하는 것이다. 그리는 사람에게 자유롭고 온화하고 부드러운 느낌을 주어, 보다 직접적으로 마음의 내면(무의식 세계)을 그리게 할 수 있다. 그것은 그리는 사람 스스로의 치유력을 한층 더 끌어내는 작용을 가져다준다. 치료자와 환자 관계

속에서 안전하고도 직접적으로 치유력을 발휘 할 수 있다. 혹시 분노나 격한 감정이 표출 되더라도 자유화는 그것들을 부드럽게 해주어 면접을 마무리할 수 있게 해준다.

그런데 자유화의 경우, 풍경구성법이나 나무그림처럼 주제가 정해진 그림과 비교하면 치료자 앞에서가 아니라도 예를 들면 집에서도 실시할 수 있다. 필자는 기본적으로 치료자 앞에서 면접 중에 실시되는 그림이 미술치료법이라고 생각하고 있다. 그러나 치료과정 중에 내담자 이미지가 고양되어 면접과 면접 사이에도 심리치료가 진행될 수 있기 때문에, 내담자에 따라서는 면접 후 집에서 자유화를 그리고 다음 치료 장면에 그림을 가지고 오는 경우도 있다. 그러한 경우 매우 흥미롭게 서로 내담자의 마음 움직임을 자각할 수 있고 또 치료의 효과도 기대할 수 있지만, 동시에 세심한 주의를 기울일 필요가 있다. 왜냐하면 만약 내담자의 자아가 매우 약하고 무의식으로부터의 이미지가 지나치게 커서 그것에 압도되어 위협받는 상황이 되어, 치료자라고 하는 보호나 방어 없는 공간 속에서 그림을 그리게 되면 그림에 의한 무의식이 더욱 활성화되어 정신상태가 악화될 위험이 있다. 예를 들면 치료자가 놀랄 정도로 너무 많은 그림을 가지고 온다거나 그려져 있는 도화지의 크기가 점점 커져가는, 자아비대나 정신병적인 반응이나 정신상태의 붕괴에 이른 환자 혹은 내담자를 만난 적이 있기 때문이다. 자유화를 그리는 것은 이러한 점에서 주의하고 때로는 제한할 필요가 있다고 생각한다.

필자는 정신병에 걸린 사람들에 대한 치료가 많았으므로 자유화까지 진행하는 사례는 그다지 많지 않았다. 그것은 그들이 지시받은 그림 쪽이 훨씬 몰두하기 쉽고 위협적이지 않기 때문이다. 또한 일반적으로 필자의 인상으로는, 일본인의 경우 자유화보다 지시 받아 그리는 그림을 더 쉽게 받아들인다고 생각되었다. 특히 도입단계에서는 지시에 의한 그림 쪽이 생각할 필요가 없으므로 권유하기 쉽다. 그러나 편안한 마음으로 자유화를 그리게 할 수 있는 환자나 내담자의 경우이거나 이미지가 활발히 움직이고 있는 치료 장면에서는 자유화의 도입도 심리치료에 충분히 효과가 있다고 생각한다.

이상과 같이 필자 나름대로 일련의 미술치료법을 말했지만, 각각의 그림을 어떻게 보고 분석할 수 있을 것인지에 대해서는 다음에서 설명하고자 한다.

5. 그림분석법 - 상징의 관점에서

융 학파에서 본 상징의 정의

상징적인 의미는 모든 것에 존재하고 있다. 자연물(돌, 식물, 동물, 인간, 산, 강, 태양, 불 등), 인공적인 것(집, 차, 배 등)그리고 추상적인 형태(숫자, 삼각, 사각, 원 등)에는 상징적인 의미가 있다. 인간은 상징을 만드는 경향을 가지고 있으며 무의식 속의 자료, 형태를 상징으로 변용시킨다(융)[9]. 그러므로 인간은 역사 이전부터 이러한 상징을 만들어 왔던 것이다. 상징을 만들어온 모태는 융이 말하고 있는 집합적 무의식에서이다. 그 때문에 상징은 인류 공통의 요소를 가질 수 있다.

또한 상징에는 「문화적인」 상징과 「자연적인」 상징 즉 무의식의 내용에서 파생한 상징이 있다. 융이 환자를 치료할 때 중시한 것은 「자연적인」 상징이었다. 상징은 인간 정신적 구조의 중요한 요소이고 인간 사회를 만드는 중요한 힘이다. 상징을 억압하거나 무시하면, 그 특정 마음의 에너지는 무의식 속으로 사라져 예측 할 수 없는 결과를 낳는다. 무의식으로 사라진 듯 보였던 심적 에너지는 인간의 의식적인 마음에 대해 항상 잠재적이고 파괴적인 「그림자」를 형성하고 병적인 정신상태를 만들어버린다.

인간은 원래 자연 속에 둘러싸여져있어, 자연 현상 사이에서 정서적인 「무의식적 동일성」을 가지고 있다(융)[10]. 자연현상은 상징으로서의 감춰진 의미를 가지고 있다. 강이나 돌은 강이나 돌의 정서를 가지고, 나무는 인간 생명의 원리이고, 뱀은 지혜나 치유의 구현자이다. 인간과 자연의 접촉과 그 상징을 매개로 결합하여 산출한 깊은 정서적 에너지가 마음의 평형, 항상성을 유지하여 마음의 치유를 가지고 오게 된다. 상징을 해독하는 것이 치유의 길을 열어준다.

상징의 치유력

그림이라는 것은 예술작품에서 어린이의 낙서까지 여러 가지 종류가 있지만 미술치료적 관점에서 말하면 어떤 것이라도 동일한 가치를 가진다고 생각할 수 있다. 여기에 미적, 예술적 관점은 존재하지 않는다. 우선 융 학파의 분석적 관점에서는 그림에 표현된 상징을 어떻게 찾아내는가에 있다. 상징은 원래 그리는 사람의 무의식에서 나온 것이다. 또한 상징은 그것 자체로 치유력을 가지고 있다. 그리고 상징은 치료에의 영향력을 가지고 마음의 균형과 전체성을 가져다준다.

융 학파의 그림에 대한 견해는 우선 무의식적 내용이 그림에 분명하게 나타난다고 생각하고 있다. 그리고 그림에서 무의식이 말하는 것을 알아내어 그 내용을(상징을 포함) 의식 수준으로 끌어올리는 것이다.

그때 융 학파 심리치료자들에게는 상징의 치유력을 어떻게 살리는가가 중요하다. 상징을 의식으로 이끌어내어 그에 연관되는 에너지를 흐르도록 한다.

따라서 융 학파 심리치료자들에게는 그 상징을 가지고 함께 시간을 보내는 것이 소중하다. 그 상징에 따라오는 에너지가 치유로 나아가게 하기 때문이다. 그리고 무의식의 내용을 의식화하고 그것을 언어로 하는 것이 최종적인 치료의 목표가 된다. 융 학파의 분석 심리학에서도 프로이드의 정신분석과 함께 무의식의 내용이나 상징을 언어화하는 것이 치료에 있어서 중요한 하나의 목적이라고 분명히 말한다. 그러나 치료과정에서 치료자와 환자에 의한 지나치게 빠른 언어화는 충분한 주의와 신중함이 필요하다.

이상과 같이 그림은 임상장면에서 심리평가로서의 활용만이 아니라 상징을 활용하는 심리치료법으로서의 역할이 커져가는 것이 분명하다. 그리고 미술치료의 역사적 관점을 근거로 해서 그림검사법이 가지는 심리평가와 미술치료로서의 심리치료법 양면이 가지는 이점을 생각하여, 그 양면의 이점을 살려 일반적인 방법인 그림에 대한 심리치료적 의의에서 한걸음 더 나아가서 독창적으로 미술치료법을 고찰하고자 한다.

6. 풍경구성법의 구체적인 예

(1) 앞에서도 언급했듯이 치료과정 중에 치료자가 환자에게 미술치료를 실시할 때, 환자가 그것을 거절할 수도 있고 도중에 그만둘 수도

있다는 것을 반드시 처음에 반드시 보장해야한다. 로르샤하 등의 심리검사에서 환자는 항상 질문을 받고 대답을 강요당하는 것으로 느끼는 경우가 많다. 그것 자체가 환자의 마음에는 공격받는다고 느끼게 할 위험이 있다. 따라서 처음에 치료자는 환자에게 그림을 거부할 수 있다는 것을 전하여 보장해주는 것이 미술치료 장면에서 상호간에 안도감, 신뢰감, 안전감을 확보할 수 있게 된다.

(2) 초기 절차를 끝내고 환자에게 그림에 대한 동의를 얻은 뒤, 그림을 권유하게 된다. 여기에서는 풍경구성법의 예를 들어서 말하고자 한다.

풍경구성법은 강, 산, 밭, 길, 집, 나무, 사람, 꽃, 동물, 돌, 그리고 싶은 것의 순서로 치료자가 부르고 옆에 있는 환자에게 그리게 하여 한 장의 풍경화를 완성시키는 미술치료법이다. 그리고 그 풍경화에서 환자 내면의 메시지나 상징을 읽어내어 한층 더 이미지를 높여 치유력을 가져오게 하는 기법이다.

우선 치료자가 한 장의 도화지를 책상 위에 두고 가장자리에 사인펜으로 테두리를 친다. 「지금부터 내가 부르는 것을 순서대로 이 테두리 안에 그려 넣고 하나의 풍경으로 완성해주세요」 라고 환자에게 방법을 알리고 사인펜을 준다. 치료자는 환자가 하나씩 그려 넣는 것을 기다리면서 다음의 항목(강, 산, 밭, 길, 집, 나무, 사람, 꽃, 동물, 돌, 좋아하는 것 순서로)을 부른다. 예를 들면 「먼저 강을 그려주세요」 「강을 그렸으면 산을 그려주세요」 「다음에 논이나 밭을 그려주세요」 라는 식으로 약간의 억양을 넣어 말을 걸듯이 이야기한다. 환자가 조금이라도 편안하고 느긋한 분위에게서 그림에 집중할 수 있는 분위기를 조성한다. 그 후에 「또 무언가 부족하다고 생각하는 것, 추가하고 싶은 것이나 그리고 싶은 것은 무엇이라도 그려 넣으세요」 하면서 첨가할 수 있게 한다. 그리고 사인펜을 받고 옆에 준비된 크레용 또는 크레파스의 뚜껑을 열고 「색을 칠하여 완성해 주세요」 라고 한다. 치료자는 환자가 그림을 완성하는 것을 지켜본다.

환자가 생각나는 대로 그려 가는 그림의 선을 치료자는 여러 가지 이미지를 떠올리면서 지켜본다. 치료자는 환자가 그린 가느다란 그림의 선에서 겨우 생각해내면서 그려나가는 환자의 심정을 알 수 있다. 풍경구성법은 마치 어머니가 아기의 표정을 잘 관찰하듯이 환자의 내적 세계의 표정을 볼 수 있도록 도와준다. 치료자는 이러한 생각으로 환자가 그린 세계를 발견하는 것이다.

작품1은 급성분열병의 증상이 나타난 후 차츰 회복해 가는 18세 남자의 그림이다. 필자는 치료자로서 그가 그리는 풍경을 지켜보면서 깊은 산의 숲 속에서 그림의 중앙으로 달리고 있는 한 마리 사슴을 주목했다. 사슴은 신의 나라와 이 세상을 연결하는 동물이고, 신의 사자라는 상징물이기도 하다. 융 학파의 해석으로는 정신의 안내자이기도 하다. 필자는 단번에 이 사슴이야말로 그의 정신이 회복되고 있다는 상징이고 분열병이라는 세계(일종의 신의 나라에 가까운 존재)에서 살아서 돌아온 그의 모습 그 자체라고 느꼈다. 그래서 필자는 이 사슴에 대해 「잘했어. 용케 돌아와 주었어. 이제 됐어. 걱정하지마. 안전해. 정말 수고 했어」 라고 마음속으로 외치면서 이 그림을 지켜보았다.

융 학파 중에서도 필자는 환자의 그림에서 가장 상징성이 강한 것에 주목한다(주안점을 둔다). 원래 상징이라는 것은 마음속에서의 대립

작품 1

(감정과 사고, 마음의 건설적 성장을 가져오는 힘과 마음의 파괴적 퇴행을 가져오는 힘 등)을 조화시켜 재통합하는 자연의 시도이다. 그러므로 상징은 치유력을 이끌어내는 것이다. 마음의 균형이 붕괴되고 병적인 정신상태에 이른 환자는 필사적으로 상징을 표출한다. 따라서 당연히 환자가 그리는 그림에도 상징이 가득하다. 필자는 당연히 상징성이 강한 에너지를 가진 대상에 주목하여, 거기에서 생산되는 치유력을 환자에게 활성화시키는 것이다.

필자는 작품1에서 사슴의 상징을 정신적 안내자로 간주했으나, 우선 치료자가 자연계(깊은 산, 숲)에서 출현한 사슴이 회복으로의 에너지를 충분히 가진 상징으로 표현되어 있다는 것을 이해할 수 있어야 하는 것이 중요하다. 나아가 사슴이 인간과 자연과의 연결을 회복시킨 상징이라는 것을 치료자가 알고 그것을 환자에게 어떤 형태로든 전하는 것이 치료로 이끌게 된다. 구체적으로 필자는 이 환자의 회복을 깊은(상징의 세계)수준에서 확신하고, 신념에 찬 태도로 환자에게 괜찮다는 것과 그리고 좋아진다는 것을 전하여 충분한 보장과 안도감을 줄 수 있었다. 이것은 미술치료법에 의한 치유효과의 한 예이다.

사슴은 확실히, 작품1에서 상징성의 에너지를 강하게 가지고 있으며, 틀림없이 인간과 자연을 연결하는 구현자요 매개자의 특징을 가진다. 거기에는 상징으로서 기능하는 치유적인 마음의 균형을 되돌이키는 힘이 숨겨져 있다.

작품2는 급성분열병의 증상이 나타난 지 1개원 후에 그린 17세

작품 2

남성의 풍경화이다. 얼음에 갇힌 험한 산들과 거기서 흐르는 두 줄기 강, 단지 그것뿐이었다. 생물이 살수 없는 무기(無機)적인 느낌을 주었다. 이 남성이 그린 그림을 보면서 필자는 뭐라고 말할 수 없는 외로움, 고독, 두려움을 느꼈다. 이것이 활동기 분열병 환자의 내적 세계인가라고 생각하니 너무도 혹독함에 경악했다. 더욱이 이 험악한 산들은 그의 앞에 우뚝 솟아 갈 길이 완전히 막혀있는 그의 정신병 상태의 상징 그 자체이다. 한 장의 그림이 가지는 인상이 이토록 강렬하리라고는 생각지도 못했다. 그리고 필자는 작품2에서 불거져 나온 이 환자의 이미지를 가지는 것으로, 그에 대한 공감과 감수성을 새롭게 하여 한층 더 치료를 위한 노력을 기울일 수 있었다.

풍경구성법을 포함한 그림의 치료적 측면에 대해서, 마츠이[11]는 「그림에 의해 환자의 구성력 혹은 구상성의 회복이 촉진되어 그것이 자기 치유력을 되살아나게 한다」고 말하고 있다. 또한 이쥬인[12]은 마츠이와 같은 의견이지만 「그림 속에 눈에 띄지 않는 많은 평범한 흐름 속에서, 때때로 지나가는 선명한 이미지를 놓쳐서는 안 된다. 이때 치료자의 알아차림(표면적으로 나타나지 않는 '아하, 그렇구나!' 체험)에 중점을 두고 치료자와 환자 사이의 심상에 의한 의사소통을 모색하는 것이 중요하다」라고 말했다. 필자는 마츠이와 이쥬인의 생각을 좀 더 심화시켜, 치료자는 그림에서 표현된 상징을 보편적이고 심층심리학적인 관점에서 우선 이해해야 한다는 것이다. 그림 그리기를 끝낸 후 그 내용을 환자에게 전해야 할지에 대해서는 환자의 정신 상태나 자아 기능이 충분히 그 내용을 수용할 능력이 있는가를 보고 판단한다.

(3) 그리기가 끝나면 치료자가 환자의 손을 잡고 함께 그림을 감상

한다. 잠시 침묵을 유지한 채, 작품을 바라보고 느낀다. 그리고 「이 풍경에 대하여 말씀해 주세요」 라고 말하고, 「계절은 언제쯤 입니까?」, 「이 산은 몇 미터 정도 됩니까?」, 「이 강은 어느 쪽으로 흐르고 있습니까?」, 「강의 깊이는? 흐름의 속도는 어느 정도입니까?」, 「이 사람은 무엇을 하고 있던 중입니까?」, 「이 동물은 무엇입니까?」 등, 그 장소의 분위기나 치료자가 걱정되는 부분에 대해서 아무렇지도 않은 듯이 물어본다. 그 외에도 가장 소중하게 생각해야 될 것은 환자가 이야기하는 그림에 대한 감상이나 연상이다.

또한 필자는 환자와 나란히 완성된 풍경을 보면서 구태여 아무것도 묻지 않고 아무것도 이야기 하지 않고 가만히 앉아 있는 때도 있다. 더 이상 언어적으로 접근할 필요가 없다고 판단하는 때도 있다. 이런 경우는 앞에서 말한 것과 같은 분석적인 태도가 아니라 자연스럽게 대하는 것이 치료적이라고 생각하기 때문이다. 앞에서 말한 것과 모순되는 태도이지만 실제로 이런 경우가 있다.

작품1을 그린 환자는 그림을 다 그린 후 스스로 이 풍경에 대해 「계절은 가을이 깊어가고 산은 단풍으로 물들어가고 있습니다. 강은 급하지만 깊이는 얕습니다. 거기에 한 마리 사슴이 몇 년 만에 산속에서 나와 마을 가까이 오고 있습니다. 하늘은 좁고 흐려 있습니다」 라고 필자에게 말했다. 이 이야기는 그가 자발적으로 말한 그림에 대한 연상이다. 그러나 이 연상은 그의 정신 상태에 대해 여러 가지 정보가 충분한 이미지이기도 하다. 계절에서 그의 정신적인 피로는 아직 계속되고, 겨울을 맞이하게 될 것이 예상된다. 상징적이지만 한 마리의 사슴이 깊은 산에서 나와 마을로 접근하고 있는 것은, 직감적이긴 하지만 분명히 회복 과정을 향해가고 있다고 생각된다. 강바닥이 얕다고 하는 것은, 다소 성급하긴 해도 정신병적 증상의 감소를 나타내고 있다고 추측할 수 있다.

치료자의 마음속에서 일어나는 이런 이미지에 관한 내용을 반드시 직접적으로 환자에게 전할 필요는 없다. 그것은 단순히 해석을 하는 것과 다를 바가 없다. 이 장면에서 가장 치유적인 작용을 하는 것은, 치료자가 이 그림에서 환자가 회복해 간다는 것을 확신하는 것이다. 치료자가 치료과정에서 가지는 신뢰와 자신감은 환자에게 반드시 좋은 영향을 미치게 된다. 필자는 이 환자에게「아직 마음 깊은 곳의 피곤함은 조금 남아 있지만 반드시 좋아집니다. 초조해 하지 마세요」라고 진심어린 말을 전할 수 있었다. 설리반은 치료자로서「참여적 관찰」를 중시했다. 이것은 치료자 입장에서 하는 일방적인 치료적 관계이다. 필자는 환자로부터 그림을 통해 이미지를 받아들이고, 그것을 모두 언어로 되돌려주는 것은 아니지만, 환자에게 치유적인 메시지를 전함으로써 환자와 치료자간의 치유력이 순환하여 더 나은 치유력이 생겨나도록 한다.

강이나 산에 대해 묻는 것은 환자의 정신내적 세계를 아는데 도움이 되지만, 필자는 여러 항목 중에서 특히 눈길을 끄는 항목에 초점을 맞춘다. 이것은 치료자의 마음속에서 직감적으로 떠오르는 것이지만 중요한 착안점이다. 여기서 말하는 착안점이란 상징성이 보다 강한 대상을 의미한다. 착안점을 가져다준 상징은 그림을 끝낸 환자와 치료자의 이미지를 활성화시키는 역할도 하고 있다. 카이토는 풍경구성법 속에서 가장 주목 받는 항목을 유목성(誘目性)이라는 개념으로 설명하고 있다[13]. 이 유목성도 상징과 관련이 있다고 생각한다. 상징에서 나온 활성화된 이미지는 치유과정을 한층 더 강화하는 작용을 한다.

그 때문에 상징을 통찰하고 거기에서 이미지를 촉진하는 심리치료법은 치유적으로 중요한 포인트가 된다.

구체적인 설명으로 작품3을 보면, 이 풍경화는 29세의 미국 여성이 그린 것이다. 그녀는 스위스 남성과 결혼하여 스위스에 살게 되었다. 그러나 얼마 되지 않아 알코올 의존증에 걸려, 스위스 알코올 의존증 자조단체로부터 소개받아 필자가 치료를 맡게 되었다. 치료 초기에 「말이 통하지 않는다. 아는 사람이 전혀 없다. 너무나 고독하다」라고 호소했는데, 정신적으로 침체되어 알코올에 의존하게 된 상태였다. 몇 차례 면접을 하고 대략적인 이야기를 한 후 그녀에게 풍경구성법을 권했다.

작품 3

이 그림에서 필자가 가장 주목한 것은 오른쪽 중앙에 그려진 울타리 속의 한 마리 암소였다. 필자에게는 영어를 유창하게 말하는 그녀의 모습보다 이 그림에 있는 암소가 가지는 고독감이 더 잘 그녀의 괴로움을 전하고 있었다. 그래서 필자는 그녀의 괴로움을 한층 더 잘 공감할 수 있었다.

이 때 필자는 이것을 그녀에게 전할 시기는 지금이라 판단하고, 암소의 고독감에 대한 공감을 언어로 말했다. 그러자 그녀는 필자에게 「지금까지 자신의 고독감을 마주할 용기가 없었다. 그렇게 하는 것이 두려웠다」라고 말했다. 그리고 그림을 한 번 더 보고, 그녀는 「아직 날이 밝지 않은 때에 몇 개의 산이 솟아 있고, 집에서 떨어진 산기슭 울타리 안에 갇혀 혼자 슬퍼하고 있는 자신」이라고 말했다. 이 한 장의 풍경구성법이 치료 장면을 완전히 바꾸어 심리치료에 새로운 전기를 맞이하는 계기가 되었다.

그것은 그림을 통해 치료자가 환자에게 비로소 깊은 공감을 환자에게 전할 수 있었기 때문이다. 지금까지 언어만으로 하는 심리치료에서는 도저히 도달할 수 없었던 치료적 공감이 환자와 치료자 사이를 연결해 주었을 것이다. 무엇보다도 그림 속의 암소는 그녀 자신을 상징하는 것이기 때문이다. 일반적으로 그림에서 자기 자신을 투사하는 상징을 표현할 경우, 사람보다 오히려 동물로 묘사하기가 더 쉽다. 특히 그녀는 자신의 모습, 자신의 고독감, 슬픔, 절망을 암소에게 상징화(symbolize)할 수 있었던 것이 치료적 효과를 낳았다. 치료자는 그것을 보고 적절한 시기가 왔음을 판단하고 환자에게 언어화하여 전한 것이다. 환자는 치료자에게 상징을 전달하고, 치료자는 환자에게 진실한 모습을 의식화시키는 그 순환이 치료적 발전을 가져왔다.

미술치료법에서는 이러한 과정을 되풀이함으로써 환자의 치유력을 높이는 것을 목표로 한다.

---

1) Jacobi, J.: *Vom Bilderreich der Seele*. Weg und Umwege zu Sich Selbst, 1969.
2) Bach, S. : *Life Paints Its Own Span-The significance of spontaneous pictures by severly ill children,* Daimon.1990(老松克博・角野善宏 譯『생명은 그 생애를 그린다 – 중병환자 어린이가 그린 자유화의 의미, (生命はその生涯を描く ── 重病の子どもが描く自由画の意味) 』誠信書房, 1998년)
3) Furth, G : *Secret World of Drawings - healing through art.* Sigo Press. 1988(老松克博・角野善宏 역『그림이 말하는 비밀 — 융학파 분석가에 의한 그림치료의 입문(絵が語る秘密 ユング派分析家による絵画治療の手引き) 』日本評論社、2001년)
4) Sullivan, H:*Conceptions of Modern Psychiatry.* New York : W.W.Norton,1953.(中井久夫・山口隆 역『現代精神医学の概念』みすず書房, 1976년)
5) Yoshihiro Kadono : *symbolic Interpretation of Drawing as a Therapeutic Aid —by a personal method drawing,* Diploma Thesis C.G.Jung Institute, Zurich, 1993.
6) 松井律子 : 風景構成法の読み方. 精神科治療学, 7, 3, 229-236, 1992년
7) 中井久夫 : 精神分裂病者の精神療法における描画の使用 ── とくに技法の開発によって得られた知見について。芸術療法、第2巻 78-89, 1970年
8) 中井久夫, 7 앞의 책
9) Jung, C.G : *Man and his Symbols, Aldus Books.* Aldus Books Limited, London. 1964(河合隼雄監訳『人間と象徴 無意識の世界上・下』河出書房新社, 1975年)
10) Jung, C.G. 9 앞의 책
11) 松井律子, 6 앞의 책

12）伊集院静一・中井久夫：風景構成法 ── その未来と方向性. 臨床精神医学, 第17巻6号 957-968, 1988年
13）皆藤章：風景構成法 ── その基礎と実践. 誠信書房, 80-104, 1

제 3 장
그림을 통한 치유상 및 치료효과
- 상징의 관점에서

1. 상징을 읽는 의미

상징의 개념을 한 번 더 고찰해 보자. 상징이란 인간과 자연 현상 사이에 정서적인 「무의식적 동일시」를 인간에게 알리는 대상물이다. 그 대상물에 의해 표현된 것은 미지의 내용을 포함하고 있어 직접 표현하기 어려운 것이지만, 그것에 대해 직감적이고 간결하게 표현하고 있다. 다른 어떤 것이라도 대신할 수 없는 표현이다. 이미 알고 있는 것을 나타내기 위한 기호와는 구별된다. 상징의 기능은 모든 사물의 본질에 있는 서로 대립하는 여러 성질을 통합하는 힘을 가졌으므로, 창조성을 내포하고 있고 내적인 변화나 치유력을 이끌어낸다. 융의 만다라는 이 상징의 기능이 작용한 산물이다. 또한 이 상징은 융 정신의 「전체성의 상징」이 되어 그의 인격을 더욱더 높이는 작용을 했다.

융[1])이 말했듯이 신경증의 증상은 자아와 무의식과의 관계가 잘 연결이 되지 않을 때 생긴다. 정신분열병(통합실조증-역자 주: 일본에서는 2002년부터 정신분열병을 통합실조증으로 부르고 있음)의 증상은 자아가 약해 무의식의 압력에 의해 그것에 관련된 의식의 붕괴를 가져오게 되어 증상이 나타나는 경우와, 무의식이 가진 원시적이고 파괴적인 힘이 자아를 압도하여 증상이 나타나는 두 가지 경우를 생각할 수 있다. 신경증이나 정신분열병과 같은 마음의 병에 있어서는 자아와 무의식의 균형과 이들 관계의 장해가 그 원인으로 생각된다. 그러므로 상징은 마음의 균형과 전체성을 가져오게 하는 기능을 가지므로, 본질적으로 서로 대립하는 여러 성질(예를 들면 의식과 무의식 등)을 통합하는 힘이 있어, 마음의 병을 치유하는 힘을 가지게 된다. 이 상징의 힘이 신경증이나 정신분열병 등과 같은 마음의 병이나 마음의 균형이 무너진 것을 회복시켜준다.

그러므로 치료자가 각 그림에 표현된 상징을 읽는 것이 환자를 치료할 때 가장 우선적으로 필요한 하나의 이유인 것이다. 치료자는 환자가 만들어낸 상징을 그림에서 발견하고 그것을 적절한 시기에 환자에게 되돌려 주는 것이 중요하다.

2. 치료자와 환자가 상징에 대하여 나누는 대화의 의미

무엇보다 치료자가 상징성이 강한 대상을 그림에서 발견하는 것이 제일 중요하다. 상징은 직감적 관념이므로 상징을 발견하기 위해서는 치료자의 직감에 의지해서 작업하게 된다. 그것은 치료자의 역량에 의한 것이라고 생각할 수 있다. 만약 치료자가 그림에서 상징성이 강한 대상을 발견하고 거기서 치유의 힘을 느끼게 된다면, 그것을 어떻게 환자에게 되돌려 줄 수 있을까 하는 것이 치료적 관계에서 중요한 작용을 한다. 구체적으로 그 상징이 가지는 치유적 의미를 환자에게 언제 어떠한 형태로 전할 것인가이다.

필자의 경험으로는 전혀 언어적으로 전할 수 없는 경우와 분명히 언어적으로 전할 수 있는 경우가 있었다. 시기는 반드시 환자가 그림을 완성시키고, 환자가 대강 그림에 대해 감상을 말하고, 서로 천천히 그것을 감상하고, 약간 여유를 가진 뒤에 필자가 그 상징을 지적하고 그 의미를 전달한다. 환자가 상징의 의미를 의식할 수 있을 정도로 마음이 안정되었다고 판단될 때이다.

만약 환자가 회복 도중에 있고 상징의 의미를 아무리 말해도 충분히 이해하고 수용할 수 있는 시기가 아니라면, 필자는 아무 것도 말하지 않고 그대로 가만히 환자와 함께 그 그림을 응시하기만 한다. 그러나 이 비언어적 관계에서도 필자는 그림에 표현된 상징의 힘에서 치유로의 확신을 가질 수 있다. 이 치유에의 확신과 치료에의 자신감이 환자에게 자연스러운 분위기에서 좋은 영향을 주고 있다고 생각된다. 필자가 상징의 의미를 너무 빨리 전하는 것을 조심스러워하는 것은, 환자의 치유과정을 조기의 언어적 해석이나 개입으로 방해할 가능성이 있기 때문이다. 환자의 미묘한 치유과정이 시기를 잘못 선택하거나 잘못된 지적으로 방해받는 일이 많기 때문이다.

3. 그림을 매개로한 「공감」의 의미

필자는 언어적으로 관계할 필요가 없을 때도 있다는 것을 앞에서 말했다. 그러나 언어적인 관계를 하지 않더라도 비언어적 관계가 가능하고, 이것이 치유력을 촉진한다고 말했다. 이것은 그림을 통해 무의식의 수준에서 공감하는 것이 가능하기 때문이다. 21쪽의 그림2에서 나타난 것처럼 상징을 낳게 되는 마음의 영역이 집합적 무의식이므로 그 그림을 통한 공감은 그만큼 깊이 있는 것이다. 그래서 무의식의 깊은 층일수록 언어적으로 표현 할 수 없는 부분이 있다.

서툴고 부주의한 언어적 개입(해석이나 의미 전달)은 집합적 무의식의 공감을 해칠 위험도 있다. 그러나 치료자가 환자가 그린 상징의 의미를 무의식 수준에서 충분히 공감할 수 있다면 언어적인 관계가 반드시 필요하지는 않다. 그것으로 충분히 치료적이다.

그러나 환자가 스스로의 힘으로 자신의 그림에서 상징을 의식까지 끌어 올릴 힘을 갖추게 되면, 그리고 그것을 언어적으로 치료자에게 되돌릴 힘이 보이면, 치료자는 그 상징의 의미를 언어적으로 의식의 세계에서 전할 수 있다. 언어적 관계는 환자에게 더욱 더 치유력을 가지도록 해준다. 그것은 이미 말했듯이 치료자와 환자 사이, 의식과 무의식 사이의 상징을 순환하도록 하는 작용을 가져온다. 그리고 이 순환이 심적 에너지의 흐름이 되어 치유력이 한층 더 강력한 에너지를 가지도록 해준다.

치료자에게는 언어적으로 관여할 시기를 아는 힘이 필요하지만, 최종적으로 환자가 상징을 의식화할 수 있고, 치료자와 함께 그림 속 상징의 의미를 이해하고, 언어적 관계를 통해 서로 공감할 수 있게 되는 것이 치료의 마지막 목표이기도 하다. 마치 꿈이 치유적 기능을 가지고 있는 것과 마찬가지로 그림도 치유적인 기능을 가지고 있음이 분명하다.

4. 나카이(中井)의 풍경구성법에 대한 치료적 관점

나카이는 풍경구성법에 대해 명확한 견해를 말하지 않았지만, 대체적으로 구성적 관점에서 해석하고 있다. 그것은 풍경구성법에 의한 풍경화가 어떠한 구조를 가지고 있는가 하는 것이다. 예를 들면 강이나 산의 위치라든가, 어디에 어떤 항목이 그려져 있는가, 풍경화가 2차원인가 3차원인가 등으로, 지금까지 필자가 주장한 대상물이 가지는 상징에는 그다지 주목하지 않았던 것 같다.

풍경구성법에서 언뜻 보기에는 나카이와 필자 사이에 구성법과 상징성의 차이가 존재하고 있다. 또한 카이토는 풍경구성법을 투사법으로 해석하고 있다. 풍경구성법에는 현재 각각의 견해가 있다. 그러나 풍경구성법을 미술치료법으로 실시할 경우 나카이의 견해를 따를 것인가 필자의 견해의 견해를 따를 것인가 하는 생각은 아무런 의미가 없다. 실제로는 어느 쪽이라도 상관없이 치료적으로 좋은 부분을 잘 살려서 절충하여 사용하고 있다. 이것이 현실적이고 실천적인 방법이다. 어떠한 분야에서도 다양한 방법으로 접근하는 것이 보다 더 현실적이다. 상징성에만 치우치는 견해도 풍경구성법에서의 정보를 잘못 인식할 우려가 있다.

나카이도 필자도 분열병(통합실조증) 환자들의 풍경구성법을 수없이 많이 접했으므로, 상징 쪽에도 관심을 가지지만, 필자도 나카이와 마찬가지로 구성적인 관점에서 볼 때가 많다. 그러나 카이토가 말한 항목이 가지는 투사적 의미도 당연히 주목해야한다. 특히 정신병이 아닌 사람들의 풍경구성법에서는 투사적 관점이 많이 활용된다고 생각한다. 한편 정신병환자들의 풍경구성법에서는 나카이[2]가 분류한 구성법의 견해가 크게 도움이 된다. 필자[3]는 급성정신병에서의 회복과정 특징을 보기 위해서라도 구성법적 관점이 중요한 의미를 가지고 있다고 생각한다.

필자는 상징을 설명하는 부분에서 자연계와 상징의 관계가 깊다는 것을 말했다. 풍경구성법 항목에 자연물(강, 산, 나무, 꽃, 동물, 돌)이 많은 것이나, 풍경 그 자체가 자연인 것에서 볼 때, 풍경구성법에는 상징을 낳는 바탕이 갖추어져 있다고 할 수 있다. 풍경구성법에는 상징을 유도 해내어, 그 상징이 가지는 치유적인 에너지를 환자 스스로 활성화시켜, 자신의 내면으로 다시 불어넣는 기능을 가지고 있는 것이다. 상징의 관점에서도, 풍경구성법에는 치유의 힘을 내게 하는 힘이 있다. 따라서 풍경구성법으로 접근할 때, 상징의 관점 역시 치료에 도움 된다고 생각한다.

지금까지는 총론으로서 필자의 개인적인 견해로 미술치료법을 서술했지만, 다음 장부터는 미술치료 사례를 보면서 이야기하고자 한다.

---

1) Jung,C.G.: *The Psychogenesis of Mental Disease,* The Collected Works of C.G. Jung. Vol.3, Pantheon Books. 1960.

2) 中井久夫：精神分裂病者の精神療法における描画の使用――とくに技法の開発によって得られた知見について。芸術療法、第2巻 78-89, 1970年.

3) 角野善宏 ： 風景構成法から観た急性精神病状態からの回復過程の特徴――4事例からの考察, 臨床心理学, 第1巻 第1号76-91, 2001年.

Ⅱ. 사례에서 보는 그림의 해석

제 4 장
풍경구성법과 분열병

- 풍경구성법에 있어서 분열병의 특징과 치료 효과

1. 구성법의 관점에서

[사례1]

A, 남성, 21세(처음 진료 시)

주 증상 : 환청으로 인한 기이한 행동

진단 : 파과형 분열병

현재 병력 :

가족은 아버지, 어머니, 여동생 세 사람이다. 초등학교, 중학교, 고등학교는 특별한 것 없이 얌전하고 말없는 학생이었다. 대학 재학 중에 갑자기 신과 교신할 수 있다든가, 종교적인 각인이 태어나면서부터 새겨져 있었다든가 하는 망상이나 일부환청에 의한 행동이 보였다. 가족이 A의 이상을 눈치 채고, 필자의 병원에 데리고 왔다.

처음에 그는 거의 아무 것도 말하지 않았으므로 필자는 A에 대해서 그림에 표현된 세계로부터 무엇인가를 알아내고 싶었다.

작품4는 치료를 시작하고 1개월째인 **년 8월 24일에 그린 것이다.

A는 이 작품을 그리고 나서 아무 것도 말하지 않았다. 그 때문에 이 그림에서 이미지나 연상은 그에게서 들을 수 없었다. 그래서 필자의 감상과 이미지를 말하게 되었다.

치료자가 지시한 항목을 그대로 나열했을 뿐, 풍경구성을 완전히 포기한 그림이었다. 더욱이 전체가 왼쪽 상단에 치우쳐 있었다. 이것은 분열증의 파과형에서 많이 나타나는 풍경구성법 그림이다. 나카이는 파과형의 풍경구성법 그림의 특징으로, 「글자를 쓰듯이 순서대로 항목을 가지런히 쓰는 것」으로 표현한 것을 구성포기현상이라고 부르고 있다[1]. 이때는 아직 치료 초기로 그는 외래에서 치료를 받고 있었지만, 증상이 매우 심한 상태였으므로, 아무리해도 풍경을 구성할 힘이 없었을 것이다. 어떻게든 구성하는 것을 피하려고 필사적이었을지도 모른다.

A는 이상한 행동이나 안정되지 못한 것이 두드러질 뿐으로, 치료자가 병적체험을 직접 본인의 말을 통해서 알 수는 없었다. 또 A의 병적체험을 아는 것이 실제 치료에 도움 된다고는 생각할 수 없었으므로, 푹 쉬도록 A에게 이야기 했다.

몇 개월 후인 다음해 1월 18일, 두 번째 풍경구성법을 그리게 했다. 그것이 작품5이다. 그로부터는 이전처럼 아무런 연상이나 이미지도 없었다. 앞 그림 작품4와 비교해서 같은 패턴으로 항목을 나열했지만, 작품4에서는 왼쪽 상단 구석으로 치우치게 그림을 그렸다. 그러나 작품5에서는 똑 같이 항목을 나열한 그림이지만 도화지 전체에 전반적으로 넓게 그려져 있다. 이것은 A의 정신상태가 조금 여유를 갖게 되었다는 것을 나타내고 있다고 생각된다. 하지만 이때도 역시 풍경의 구성은 불가능한 채였다.

작품 4

작품 5

치료 시작 후 1년 반, A는 어느 날 아침 갑자기 방에 숨겨 놓은 밧줄을 가지고 집을 뛰쳐나갔다. 부모가 걱정하며 찾고 있는 동안에 A는 집으로 무사히 돌아왔다. 부모가 밧줄을 가지고 집을 뛰쳐나간 이유를 집요하게 묻자 A는 어떤 사람의 목소리가 밧줄로 목을 조르라고 시켰다고 말했다. 필자는 A와 부모에게 그 실체가 없는 목소리에 대해서 주의하도록 말하고, A에게는 그 목소리가 죽으라는 말을 할 때는 반드시 부모에게 말하도록 강력하게 설득하였다. 부모의 적절한 관계와, 지금까지 숨겨져 있던 병적 체험을 제 3자에게 말한 것으로 그 후 A는 급속도로 행동이 안정되었다. 스스로 아는 사람에게 인사를 하게 되고, 기이한 행동은 그다지 눈에 띄지 않게 되었다. 그래서 A는 이 후 환청이나 기이한 체험에 대해서 필자와 면접할 때에 조금씩 말할 수 있게 되었다.

치료 시작 후 2년이 지난 8월 1일, 세 번째 풍경구성법(작품6)을 실시하였다. 작품4, 5와는 달리 항목의 나열이 아닌 풍경의 구성을 조금 할 수 있게 되었다. 아직 불충분하지만, 험악한 산들이 멀리 위치해 있고, 산이나 길이 가까이에 있는 것처럼 그려져 있었다. 강의 흐름 등은 부자연스럽고, 길도 중간에서 끊어져 있다. 그러나 원근이 약간 표현되어 있고, 풍경의 구성이 가능하게 되었다. 이때 A는 상당히 안정되어 환청이나 망상은 거의 없어졌다.

치료 시작 후 4년이 지난 9월 1일, 네 번째 풍경구성법(작품7)을 실시하였다. 거의 작품6과 다름없는 구성이다. 길이 조금 길어진 것과, 산이 조금 낮아지고 2개에서 3개로 증가한 것, 그리고 돌에도 색칠을 하게 되었다. 증상에 있어서는 작품6을 그린 무렵과 그다지 변화가 없었고, 안정되고 편안한 정신상태를 유지하고 있었다. 그런데 놀라

작품 6

작품 7

운 일은 A가 작품7을 다 그리고 난 후, 「풍경을 그리는 것은 어렵습니다. 이것은 너비(폭)를 그리지 않으면 안 되기 때문입니다」라고 말했다. A가 자신이 그린 그림을 보고 그것에 대해 언급한다는 것은 생각도 할 수 없었다. 필자는 너무나 기뻐서 감동적이기까지 하였다.

풍경구성법에서 작품4, 5처럼 파과형 분열병에는 치료자가 지시한 항목을 그대로 나열한 뿐으로 풍경을 구성하는 것을 완전히 포기한 그림이 많다. A도 그 중 하나였다. 그러나 증상이 개선됨에 따라서 최초의 구성포기가 점점 구성을 할 수 있는 방향으로 변화하는 것을 알게 되었다. 게다가 작품4, 5의 풍경구성법은 2차원적인 구조로 항목의 나열뿐이었다. 작품6, 7은 조금 3차원적인 구조, 깊이를 가진 풍경으로 변화하였다. 이 깊이가 A의 표현에 의하면 너비(폭)라는 말일 것이다. 회복의 징조로 생각해도 좋을 2차원적 구조에서 3차원적 구조로의 질적인 변화가 A의 내면에서 일어났다고 생각된다. 그것을 A도 필자도 충분히 의식했고 회복과정으로 확인할 수 있었다.

풍경구성법은 3차원적인 구조를 강조하는 그림기법이다. 풍경구성법은 2차원적인 구조 속에서 살 수밖에 없는 또 그 속에서 고통 받고 있는 사람들에게, 3차원적인 깊이 있고 여유 있는 내적 세계로 되돌이켜 재구축 하는 길을 제시하는 방법으로서, 심리치료의 효과를 충분히 나타낼 수 있는 흥미로운 미술치료법임을 알 수 있다.

또한 본래 분열증인 사람들은 3차원 공간보다 2차원 공간을 보다 더 안정된 분위기로 느낀다. 그들은 무엇보다도 공간의 넓이와 높이의 3차원을 두려워하며 안전감을 위협 받는다. 따라서 2차원 공간으로서 평면인 도화지 쪽이 모래상자 등의 3차원 공간보다 자신을 안심하고 표현할 수 있다. 처음에 2차원 공간을 준비하여 풍경을 구성하기 시작하여 서서히 3차원 공간을 만들어 간다. 그리고 시간 간격을 두고 종단적으로 몇 장이라도 풍경구성법을 실시한다. 즉 시간 간격을 두고 실시한 전체 풍경구성법 그림을 하나로 정리해서 보면 전체가 4차원 공간의 구성을 가지게 된다고 생각한다. 종단적 기법에 의한 풍경구성법은, 한 장 한 장의 그림이 그려진 시간적 간격을 두고, 조금씩 치유하는 방향으로 힘을 보태어 발판을 견고히 하여 한 차원씩 높일 수 있다.

그리고 그 작업이 내면의 정신세계의 구성을 고쳐 나감으로써 결국 회복의 과정을 만들어낸다고 생각된다. 따라서 그보다 더 먼저 1차원적인 장소(실제로는 불가능하지만), 즉 전혀 움직임 없는 점 같은 존재가 더욱 더 그들에게는 안정감을 줄 수 있을지 모른다. 그것은 미술치료에서는 어려운 상황이지만, 억지로 말하자면 치료자가 그 장소에서 돌같이 정지된 점이 된다면, 그림에 의한 2차원적인 공간이 주어지더라도 더 안심하고 견딜 수 있다고 생각한다.

[사례2]

B, 남성, 17세(처음 진료 시)

주 증상 : 환청으로 인한 혼미와 흥분. 불면증과 거식증

진단 : 급성정신분열병

생육사 및 현재 병력 :

어릴 때부터 부모의 사이가 나빠 그사이에서 매우 신경을 써왔다. 중학교 3학년 때 어머니와 함께 집을 나와 아버지와 별거하게 되었다. 그 무렵 귀여워했던 개가 죽기도하고, 형이 독립하여 집을 나가기도해 B는 등교거부에까지 이르렀다. 고등학교는 입학했지만 자기 마음에 드는 학교가 아니어서 등교하지 않고 집에 틀어박혀 있었다. 아버지와

는 가끔 만났다. **년 6월경 갑자기 식사를 자유롭게 할 수 없게 되고, 말도 잘 할 수 없게 되었다. 불면증이나 흥분하는 일이 많아져 가까운 신경과 병원의 약을 먹었지만, B는 통원치료도 거부하게 되어 점점 뜸해지다가 약도 전혀 먹지 않게 되었다. 11월에 들어서자 식사를 하루에 한번도 제대로 할 수 없게 되고 미열도 계속 되고 흥분 상태가 심해지기 시작해 거의 잠을 잘 수 없게 되었다.

치료 경과 :

11월 12일에, 가족은 대처할 수 없게 되어 치료와 보호를 위해 B를 필자가 근무하는 병원에 데려와 입원시키게 되었다. 대화는 전혀 할 수 없는 상태였다. 거의 눈을 감고 있었고, 때때로 눈을 떠 곤혹스러운 표정을 지었다. 마치 깊은 바다에 오래 가라앉아 있다가 갑자기 수면 위로 끌어올려진 듯한 이상한 모습의 분위기로, 피부색은 희고 투명하기까지 했다. 식사를 하지 않았던 탓인지 쇠약해 보였다. 식사와 약을 거부해서 링거로 영양공급을 하고 근육주사로 항정신병약을 투여했다(할로페리돌 5㎎을 하루 한 번). B는 계속해서 침묵했으므로 필자는 근무일에 평균 일주일에 4일간, 한 시간 정도 가만히 B 옆에 앉아 있었다. 처음에는 며칠이 지나도 대화를 할 수 없었지만, 차츰 대화가 가능해져 조금씩 관계를 가질 수 있게 되었다.

11월 19일 면접에서, B는 「여러 가지 생각이 머리 속에 맴도는데 이는 누군가 다른 사람이 한 생각인 것처럼 느껴지기도 하고, 또 누군가 여기에 있는 사람이 말하고 있는 목소리라고도 생각됩니다. 너무나 힘이 듭니다」 라고 말했다.

흥분하는 일 없이 하루 종일 침대에 누워있었다. 점차 스스로 식사하게 되었고, 약 복용도 끈기 있게 설득하면 마지못해 응하게 되었다.

투약 내용은 리보메프로마진 150㎎이다. 때때로 초조감이 높아져 안정을 취하지 못할 때도 있었다. 또한 환청에 가까운 체험을 호소하기도 했다.

12월이 되자, 설사가 계속되어 활동이 둔하긴 하지만 행동은 안정되기 시작했다. 말은 아직 순조롭게 하지 못하지만 식사나 약 복용은 문제없이 할 수 있게 되어, 어머니와 같이 외출이나 외박도 할 수 있게 되었다. B는 일단 행동 상으로는 안정되게 보였지만, 충분히 개선된 것은 아니었다. 그러나 부모의 강력한 요구로 12월 10일 퇴원하게 되었다. 일단 가정에서 간병해도 좋을 만큼 겉모습은 안정되어 있었다. 그러나 회복기에는 이르지 못하고 급성기조차 충분히 벗어나지 못했다고 생각되었지만, 외래에서 치료와 면접을 일주일에 한번 계속하도록 하였다.

발병 후 1년이 지난 1월 4일 첫 번째 풍경구성법(작품8)을 실시했다. B는 내면을 표현할 수 있을 정도로 안정되어있다고 판단하고, 일단 외래에서 풍경구성법을 진행해보았다. B는 순조롭게 그림을 그렸다. 그 후에도 전혀 저항하지 않고 일련의 풍경구성법에 응했다.

첫 번째 그림은 우선 충분히 묘사하지 못한 인상을 주었다. 겨우 어떻게 풍경을 구성할 수 있었음에 지나지 않는다. 전체적으로 평면적이고 깊이감이 없다. 2차원적인 풍경그림에 가깝다. 바위가 이상한 모양으로 크고 거기에 비해서 집, 나무, 사람, 동물, 꽃은 작다. 각 항목의 나열이라고까지는 말할 수 없지만 각 항목의 연관성이 좋지 않다. 채색정도를 보면 너무 여백이 많고 논(밭), 길, 사람, 동물, 꽃은 전혀 채색하지 않았다. 마음의 에너지가 거의 없다고 말 할 수 있는 풍경화이다. 단지 사례 A와 비교하면, 첫 번째 풍경구성법이긴 하지

작품 8

만 구성을 포기한 그림은 아니다.

증상에 대해서는 외면상으로 그다지 눈에 띄지는 않았다. 좋아지기도 하고 나빠지기도 하는 상태로 이따금 불안정한 상태에 빠져 차분하지 못한 때도 있었지만, 집에서 생활은 할 수 있었다. 외래에서 리보메프로마진 50mg으로 투약했는데, 입원 전처럼 약 복용을 거부하지 않아 지속적으로 할 수 있었다.

발병 2년 뒤인 1월 27일, 두 번째 풍경구성법(작품9)을 실시했다. 역시 풍경의 구성이 불충분했다. 작품8과 비교해서 전체적인 구성은 그다지 변화하지 않았고 이전과 같이 각 항목이 따로따로 위치하고 있을 뿐, 서로 간의 연관성은 부족했다. 강과 길의 연관성은 전혀 없고,

작품 9

작품8에 비해 논(밭), 길, 동물, 꽃은 채색했지만 각 항목을 이어주는 여백에는 전혀 채색하지 않았다. 부분적으로 칠하지 않는 곳이 너무 많았다. 단 작품8과 비교해서 산과 강은 전체적으로 채색했고, 집, 꽃은 그림도 채색도 충분했다. 또한 선명히 채색된 호랑이는 사람과 비교하면 훨씬 더 존재감이 표현되고 있다. 사람은 이전 그림과 마찬가지로 완전히 막대 상태였다.

이 풍경구성법 작품을 보면 회복은 아직 먼 느낌이 든다. 그러나 그전의 그림 작품8과 비교하면 이번 작품9는 구성적으로는 그다지 변화나 개선이 보이지 않지만, 항목의 힘이 강해진 점이 나타나 있다고 생각된다.

발병 후 2년이 지난 해는 B로서는 파란 많은 시기였다. 아버지가 급사하고, 이사를 하기도 하여 외적인 생활은 안정되지 못했다. 그러나 입원할 만큼 상태가 악화되지는 않았다.

발병 후 3년이 지났을 때, 처음은 상태가 좋아지게 된 듯이 보였다. 그리고 집이 병원에서 멀어지게 되어 약은 복용할 수 있었지만 병원에 와서 면접하는 것은 그만 두게 되었다. 그러나 3월 무렵부터 어머니와 접촉하지 않고 자폐경향이 강하게 되어 거의 자신의 내면에 갇혀 지내게 되었다. 또 충동적으로 물건을 파괴하는 행동이 나타나게 되었다.

5월이 되어, 흥분하는 일도 잦아지고 집에서의 생활은 불가능하게 되었다. 그래서 가족이 5월 7일 병원으로 데리고 와서 두 번째 입원을 하게 되었다. B는 진찰 받을 때 차분함이 전혀 없었고, 가만히 앉아 있는 것이 불가능했으며, 계속해서 물을 만지는 강박 행동을 했다. 표정은 피폐했고, 건강을 완전히 잃어 섬뜩한 느낌을 줄 정도였다.

곧바로 입원 치료를 시작했다. 투약은 리보메프로마진 200㎎과 리스페리돈 6㎎이었다. 면접은 일주일에 4번하고 한 번 면접할 때마다 1~2 시간을, 앞에 입원한 경우처럼 처음에는 침묵해서 함께 같이 있는 것으로부터 시작했다. 2~3 개월 동안 불안정한 상태가 지속되었지만, 조금씩 안정을 되찾아 면접할 때 대화도 충분히 할 수 있게 되었다. 강한 강박행동도 없어지고 병적 체험도 줄어들어 그 전에 입원했을 때와는 다르게 조금씩 여유를 갖고 지내게 되었다.

12월 10일에, 세 번째 풍경구성법(**작품10**)을 실시했다. 지난번에 실시한 풍경구성법 그림에서 이 정도의 그림이 되기까지 시간이 걸릴 것이라고는 생각지도 못했지만, 안정된 그림을 그릴 수 있기 위해서는 충분한 시간이 필요했던 것이다. 즉 입원한 이후 안정된 면접을 하기

작품10

위해 반년 이상을 소비한 셈이다. 작품10에서는 강이 폭포처럼 오른쪽에서 왼쪽으로 S자형으로 비스듬히 흐르고 있다. 강의 시작은 불분명하지만, 강이 굽이져 흐르는 것은 회복과정에서 좋은 징조라고 생각되었다. 그리고 길이 이전의 풍경구성법과 비교하면 몹시 크게 변화하고, 미로처럼 복잡하게 그려져 있었다. 어떻게 가야 좋을지 알기가 어렵다. 또한 전체가 여전히 2차원적이고 깊이감(역자 주:그림에서 집이나 땅의 앞쪽에서 뒤쪽까지 원근을 나타내는 거리감)을 느낄 수 없다. 특히 길에서 그 특징이 분명하게 나타나고 있다. 강과 길은 관련성 없이 서로 연결되어있지 않고 거의 제각기 틀린 구조를 하고 있다.

그러나 앞에 실시한 작품9와 비교하면 상당히 풍경을 구성한 듯이 보인다. 각 항목에 대해서는 사람이 여전히 막대 상태이고 바위들은 이상하게 크다. 오른쪽 하단에는 아무것도 그려져 있지 않고 채색도 하지 않았다. 전체적으로 채색이 부족하다. 내적 에너지가 아직 부족한 듯하며, 회복은 다소 불충분하다고 추측할 수 있다.

그러나 작품8, 9와 비교하면 작품10의 풍경 구성은 조금이지만 확실해졌다. 제일 안쪽 위에 있는 산들의 존재, 그 아래 위치한 길이나 강, 그리고 제일 앞에 그려진 사람들이나 동물들이 그려진 쪽에서 보면 조금이나마 3차원적인 구성이 되었다는 생각이 든다.

발병 후 4년 지난 1월 14일, 네 번째 풍경구성법(작품11)을 실시했다. 각 항목이 풍경 전체로 넓어졌고 그 구성도 정돈되었다. 그리고 각 항목 배치와 균형도 상당히 개선되었다. 강은 앞의 그림과 같이 폭포처럼 왼쪽에서 오른쪽으로 흐르고 있으나, 그 시작과 끝은 앞 작품보다 분명하고, 흐름이 좋게 여겨진다. 길은 이전보다 복잡하지 않으나 채색되어 있고 상당히 정리되어 깔끔하다. 강과 길의 관계도 앞의 작품들과 비교할 때 개선되었고, 간단하지만 다리가 2개 그려져 있다. 바위는 크기가 다소 작아졌고 확실하게 색칠되어 있었다. 또한 사람은 여전히 막대 상태이지만 제일 앞에 그려진 사람은 간단하긴 해도 얼굴이 그려져 있다. 논(밭), 동물, 집, 열매 있는 나무, 꽃은 색채가 분명하다. 단지 각각의 항목을 연결하는 공간에는 채색이 되어 있지 않다.

구성에서 전체적으로는 3차원적인 풍경으로 변화하고 있지만, 왼쪽의 길과 강이 위치하는 공간과 논(밭)이 펼쳐진 부분은 2차원적인 구조를 남기고 있다. 아직 충분한 풍경구성에는 미치지 못하고 있다. 그러나 전체 항목의 배치나 균형은 상당히 개선되어 있다. 그리고

작품11

B는 입원치료에 적응하여 같은 병동에 입원한 또래 환자들과 활발한 교류도 하고 표정도 밝아지고 상당히 안정된 상태가 되었다. 확실히 풍경구성법이 개선된 것과 B의 병 증상이 개선된 것은 서로 통하는 것이라고 생각되었다.

B는 작품11을 다 그린 후「좀 더 깊이가 있으면 좋겠어요. 깊이를 그리고 싶지만 어렵습니다. 또 길을 그리는 것도 사람을 그리는 것도 어렵습니다」라고 말했다. 깊이에 대해서는 이전의 여러 작품과 비교하면 이번 작품에는 상당히 표현 되었다고 생각한다. 길이 아직 2차원적이라는 느낌은 분명하게 남아 있지만, B는 자신의 문제점을 그림을 통해서 잘 이해하고 있다. 깊이는 그의 정신적인 회복을 보다 강하게 표현하고 있는 것이리라. 그것은 여유와 느긋함을 나타내는 것일지도

모른다. 또한 길도 그의 의식 회복에 비례해서 묘사된 항목일 것이다. 사람을 충분히 묘사한다는 것은, 그의 대인관계가 조금 개선되었음을 시사해 주고 있다고 생각된다. 이런 의미에서 B도 필자도 이 그림을 주목하고 있다.

그런데 B가 말한 「깊이」라는 표현은, A가 말한 「폭」이라는 표현과 의미가 같다는 것이 흥미를 끌었다. 그것은 3차원적 구성을 의미하는 것이라고 생각된다. 아마 A도 B도 풍경구성법을 통해서 충분히 3차원적인 구성의 필요성을 느꼈다고 생각한다. 역시 풍경구성법은 2차원 공간인 도화지에 3차원적 구성인 풍경을 자연스럽고 본능적으로 그리게 하여 그것에서 알아차리도록 하는 힘을 가지고 있다. 즉 그들은 풍경구성법에서 3차원적 구성이 되는 것, 그리고 그것을 되돌릴 수 있는 것과 자기 내면에서의 회복이 관계있다는 것을 어디에선가 자각할 수 있을 것이다. 이는 실제로 병이 심각한 상황에서 회복으로 밀어붙이는 내면의 힘이 그들의 언어를 통해 말하고 있는 증거이다.

2월 1일 다섯 번째 풍경구성법(작품12)을 실시했다. 이 시점에서 B는 더욱더 안정되게 면접에서 자신이 생각하는 것을 부드럽고 분명하게 말할 수 있게 되었다. 또한 B는「살아야겠다고 마음먹게 되었습니다」라고 말했다.

작품12에서는 강의 흐름이 폭포에서 순조로운 흐름으로 변화 되었다. 도로는 여전히 이전처럼 2차원적인 구조이지만 앞의 작품과 비교해서 폭이 넓고 분명하고 확실해졌다. 강과 도로의 관계는 앞의 작품과 그다지 변화가 없어 만족스럽다고는 말할 수 없다. 그러나 전체 구조는 이 작품이 가장 안정되어 있다. 각 항목별로 보면 바위는 작아지고, 집은 명확하게 그려졌고 채색도 되었다. 사람은 똑같이 막대인 상태로 논(밭)과 도로에 둘러 싸여있는 것이 마음에 걸린다. 움직일 수 없는 상태인지도 모른다. 색칠은 전체의 40%정도이다. 아직 내적 에너지가 전체의 40%정도로 회복했는지도 모른다.

B는 다 그린 후 지난번과 마찬가지로 「깊이를 충분히 그릴 수 없다. 산과 강은 느낌이 좋다. 길을 그리는 것은 어렵다. 사람을 그리는 것도 어렵다. 성가시다. 색칠은 여기까지」 라고 말했다. 그림을 통한 언어로 상당히 자신의 상태를 표현할 수 있게 되었다. 또한 전체 구성을 보면 산들은 가장 안쪽에 위치하고, 중간에는 사람과 넓어진 논(밭)을 그리고 있다(여기는 똑같이 2차원적 공간이지만). 그리고 제일 앞쪽에 나무, 집, 꽃, 동물, 바위를 그리고 있다. 즉 구조적으로는 세 단계의

작품12

층이 다르게 존재하고 있다. 이것은 적당하고 자연스러운 3차원적인 구성은 아니지만, 조금은 입체구조에 가깝다는 의미를 가진다. 단 제일 앞에 그린 나무, 집, 꽃, 동물, 바위가 나열에 가깝게 표현한 점이 신경 쓰인다. 이 부분에서 각 항목들의 연결은 충분하지 않다.

이 무렵 B는 필자가 치료한 이후 제일 상태가 좋아 보였다. 급성기에 있었던 머리의 혼란이 없어지고 행동도 안정되었다. 그리고 B 본인도 여유를 느낀다고 말했다. 외박이나 여가활동을 문제없이 여유를 가지고 즐겼다. 병적체험도 거의 느끼지 않게 되었다. 그래서 몇 개월 후 B는 퇴원했다. 그 후 외래에서 치료하게 되었지만 약은 스스로 적극적으로 복용하게 되었다. 현재 안정적으로 집에서 생활하고 있으나, 일을 한다든지 하는 사회와의 접촉은 충분히 이루어지지 않고 있다. 확실히 작품12의 풍경구성법에서도 이해할 수 있듯이 완전히 회복했다고는 말할 수 없다. 작품12의 전체적인 구성과 세부에 이르는 항목 배치를 보더라도, B는 아직 회복에 이른 그림에서 볼 수 있는 내적인 구성력, 치유력이 부족하다.

사례B의 풍경구성법도 사례A의 풍경구성법과 마찬가지로 풍경구성이 개선된 점, 전체 균형이 좋아진 점, 깊이 혹은 폭이라는 3차원적인 구성을 풍경으로 그릴 수 있는 점이 회복과 병행하고 있다는 것을 이해할 수 있다. 이것을 분열병의 회복에 나타나는 풍경구성법상의 특징으로 말할 수 있을 것이다. 단지 2차원적인 풍경구성법에서 3차원적인 풍경구성법으로 완전히 변화하는 것은, 분열병을 앓는 사람들이 완전하게 회복에 이르는 것과 같이 그렇게 간단하지 않다는 것도 시사하고 있다고 생각된다.

[사례3]

C, 남성, 27세(처음 진료 시)

진단 : 만성 정신분열병

병력 :

필자에게 와서 치료를 시작한 것은 발병하고 5년 정도 지나서였다. 망상이 만성적으로 C를 지배하고 있었다. 가족이 알게 된 것은 C가 먼 곳에서 아르바이트를 계속할 수 없어 집으로 돌아오고 나서였다. C는 고등학교를 졸업하고 바로 집을 떠나 지방에서 일을 했다. 가족은 C가 정신병이 있다는 것을 거의 알지 못한 채 시간이 지나가 버렸다.

가족의 놀라움과 한탄은 너무나 커서 포기에 가까운 심정이었다. C는 이전부터 부모님 특히 어머니와 마음이 맞지 않았고, C가 고향으로 돌아오고 나서는 한층 더 사이가 나빠지게 되었다. 어떻게 해서든지 C를 치료 받게 하려는 부모님의 노력으로 필자에게 치료를 받으러 오게 되었다. 어머니는 C에 대한 부정적인 감정이 강해서 도저히 잘 받아들여지지 않는 것 같았다. 어머니는 C가 신체적 접촉을 요구하는 것을 도저히 참을 수 없었다. 어머니는 C에게 어느 정도 타일렀지만 마음속으로는 강하게 거절하고 있었다.

필자는 어머니와 이야기하여 조금이라도 C를 받아들이도록 충분히 설득했다. 그 당시 필자는 그의 어머니에게 어머니로서의 역할을 지나치게 요구하고 있었는지도 모른다. C가 어머니에게 접촉해 오는 것은 그녀로서는 고통스러워서 두렵기까지 한 것이었다. 이제 어른인데 하는 생각이 강하게 들어 근친상간적인 두려운 감정조차 들었다. 이에 대해 필자는 이해할 수는 있었지만, 어머니가 대응을 잘 하도록 할 수는 없었다.

이러한 상태에서 C에게 풍경구성법을 시도했다. 그 하나가 작품13이다. 이것은 치료중기 (처음 진료 후 2년 지난 8월 2일)의 풍경구성법이다. 길이 강으로 단절되어 있고, 위의 길과 아래의 길에 각각 한 사람씩 있다. 그러나 C는 「이 두 사람은 결코 만난 적이 없다」 고 말했다. 한 사람이 C이고 또 한 사람은 어머니로 해석할 수도 있지만, 그 뿐만은 아니라는 생각이 든다. C의 내면에는 사람과 사람과의 연결이 크게 단절되어 있음을 그 풍경구성법에서도 그의 이야기에서도 분명히 느낄 수 있었다. 그러므로 우선 어떻게든 어머니와의 관계개선을 하도록 하고 싶었다. 아버지는 협조적이었지만 C는 그다지 사람과의 관계를 맺고 싶어 하지 않았다.

필자는 개인적으로 어머니에게 내적인 결속을 지나치게 요구하였

작품13

고, C 또한 어머니에게 너무 많은 요구로 부담을 주어 그녀는 지쳐버리고 말았다. 이때부터 아버지가 C를 병원으로 데려오게 되었지만 C는 처음부터 병에 대한 인식이 그다지 분명하지 않았고, 또한 아버지는 점차 치료에 대한 성의가 줄어들어, C는 서서히 병원에서 멀어져갔고 그 후 치료는 중단되었다.

이렇게 되자 어머니는 더 이상 C와의 관계에서 한계를 느끼고, 슬프게도 단념할 지경에 이르렀다. 필자도 더 이상 가족에게 치료의 협조를 요구하지는 않았다. 다행히 C는 집에서 난폭한 행동을 하지 않았으므로 어느 정도 치료를 중단해도 문제는 일어나지 않았다. 그러나 다시 치료하러 왔을 때는 이전보다 더 신중하게 어머니에 대한 배려를 하여, 우선은 더 이상 부담이 되지 않도록 해야겠다고 생각했다.

그러면 C의 치료경과를 일련의 풍경구성법으로 다시 한 번 더 살펴보자. 치료초기 **년 11월 26일 첫 번째 풍경구성법(**작품14**)을 실시했다. 항목을 나열한 것은 아니지만 풍경의 구성은 되지 않았다. 특히 강과 논(밭)의 위치가 적절하지 않고, 어느 방향에서 본 풍경인지 이해할 수 없다. 강과 논(밭)은 위에서 본 것 같고 산, 나무, 집, 사람, 동물은 바로 옆에서 본 것 같다. 풍경을 구성할 수 없는 상태라는 것을 알 수 있다. 산과 강만 채색했다. 사람은 무질서한 막대 상태이다. 작품14를 풍경구성법에서 본다면, C의 정신 상태는 좋지 못하고 병적 체험에 의해 혼란이 심하다는 것을 엿볼 수 있다.

처음 진료 후 1년 지난 7월 8일 두 번째 풍경구성법(**작품15**)을 실시했다. 첫 번째보다 7개월이 지난 때이다. 강이 길을 바로 위에서 절단하고 있지만, 오른쪽 상단에 산을 그리고, 왼쪽 상단에 나무를 그리고, 오른쪽 하단에 논(밭), 나무, 사람, 동물을 그리고 있어 앞의 작품14

작품14

보다 풍경 느낌은 어느 정도 개선되었다. 그러나 작품14와 같이 작품15도 채색을 그다지 하지 않고 강과 길만 했다. 전체 구성은 강과 길을 제외하면 산, 나무, 집, 사람, 동물 그리고 논(밭)은 일단 옆에서 본 풍경이다. 작품14와 비교하면 전체 구성은 개선된 것 같다. 그러나 각 항목의 상태는 좋지 않다. 나무는 그 전체 모습이 그려지지 않았고, 집도 빈약하다. 논(밭)은 경계도 명확히 묘사되지 않았다.

그러나 간신히 동물의 머리를 그렸고, 사람도 얼굴을 그렸으며 신체를 둥그렇게 그렸다. 좋은 징후라고 느꼈다. 풍경구성법상 극히 작은 개선의 징후가 보였다.

그리고 처음 진료 후 2년 지난 8월 2일에 그린 그림이 작품13이다. 작품13은 작품14, 15와 비교할 때 확실히 풍경구성이 개선되어 각

작품15

항목의 배열이나 연결도 좋다. 채색도 전체적으로 잘 되었고 남긴 부분이 없다. 태양도 산 사이로 얼굴을 내밀고 있다. 그러나 이전과 같이 구성에서 큰 영향을 주는 강의 위치는 하늘에서 흘러내려 풍경을 나누고 있다. 그리고 논(밭)이 서있어 2차원적인 구성을 하고 있다. 또한 사람과 동물을 검게 칠한 것이 마음에 걸린다. 그러나 강 이외 다른 항목들의 배치는 3차원적인 구성이다. 앞에서 말한 작품13에 대한 C의 말과 필자의 코멘트는 엄격했지만 풍경구성법의 구성적인 면에서는 확실히 개선되었다. 작품13은 작품14, 15와 비교하면 더 온전한 풍경을 그리고 있다. 확실히 C는 치료 초기에는 황폐한 인상을 주었다. 그러나 작품13을 그렸던 시기인 치료 시작 후 2년이 지나지 않았을 무렵, 아직 C는 망상 착상이 남아있었으나 생활 자체는 안정되어 상당히 평온한 상태로 개선되었다. 단, 보살펴 주고 있던 어머니와의 관계가 개선된다면 좀 더 회복이 빠른 진전이 있었을 것이라고 안타깝게 생각한 적이 있었다.

그리고 처음 진료 후 3년 지난 3월 21일, 치료가 중단되기 전에 마지막 풍경구성법(작품16)을 실시했다. 이 작품은 그 이전에 그린 작품13과 비교해 볼 때 길과 강이 서로 바뀌어졌다. 그리고 놀랍게도 앞부분의 길에서 두 사람이 만나고 있다. 사람을 칠한 색도 검은색에서 살색으로 바뀌었다. C는 필자에게 분명하게 「사람은 어머니와 저예요. 갈색으로 칠한 것은 개이고 제가 데리고 가고 있어요」 라고 말했다. 이것은 필자가 볼 때 C와 어머니와의 관계 혹은 인간관계 전반이 개선될 가능성을 시사하고 있는 듯 했다. 또한 C가 의도적으로

작품16

이 시점에서 이루어지지 않는 소망을 바라고 희망한다는 뜻으로 표현하고 있었던 것일지도 모른다.

작품16 역시 강 배치가 무엇보다 신경 쓰인다. C로서는 4번째 풍경구성법임에도 불구하고 전체 구성을 크게 좌우하는 최초 항목인 강을 이전처럼 풍경을 분단하듯이 그리고 있다. 이 점에 관한 개선은 보이지 않는다. C는 강이 최초의 항목인 것을 알고 있었으면서도 풍경의 구성을 개선할 수 없었다. 하지만 작품13과 16에서 C는 지금까지의 풍경구성법에서 보다 자신을 더 잘 표현할 수 있었다는 점은 평가할 만한 일일 것이다. 또한 치료를 시작한 후 2년 반이 지났을 때 풍경구성법에 있어서 구성이 상당히 개선되었음을 알 수 있다. 어쨌든 치료를 갑자기 중단한 것은 상당히 안타까운 일이었다.

그 후 C는 약 3년 만에 필자가 근무하는 병원으로 되돌아왔다. 증상은 그다지 좋지 않았다. 치료를 중단하게 된 경위를 물으니 여러 가지 가족 사정이 있었다고 한다. 그 후 재입원했지만 현재는 안정되어 외래에서 치료를 계속하고 있다.

[사례4]

D, 남성, 17세(처음 진료 시)

진단 : 파과형 분열병

생육사 :

고등학교 입학할 때까지 특별한 부적응 없이 성장했다. 얌전하고 꼼꼼하고 성실해 융통성이 없는 편이었다. 어릴 때 할머니 손에 자랐고 초등학교 때까지 특별히 눈에 띄는 점은 없었다. 중학생이 되면서 같은 학교에 다녔던 누나가 공부를 잘 했기 때문에 누나를 뒤쫓아가려고 갑자기 열심히 공부하기 시작했다. 고등학교에 들어와서도 클럽활동은 하지 않고 친구도 사귀지 않고 공부만 했다.

가족력 :

4형제 중 둘째, 누나와 2명의 남동생이 있다. 남동생들은 중학생이고 누나는 일반 기업에 취직하여 근무하고 있다. 아버지는 말이 없고 일 이외에는 관심이 없고 사물에 대해 폭이 좁은 사람이다. 어머니는 지극히 평범한 주부이다. 친할아버지 친할머니와 함께 살고 있다.

현재 병력 :

고등학교 3학년(17세)이 되었을 무렵(**년 4월)부터 때때로 불러도 대꾸하지 않고 어딘가 한 곳을 응시하고 멍청하게 있을 때가 있었다. 그 때부터 갑자기 성적이 내려가기 시작했다. 9월에 접어들면서 「자신은 공부만 하고 있어서 무언가 모자라는 점이 있다」 「자신의 껍질에서 빠져 나올 수 없다」 라고 호소하는 등, 「허리가 아프다, 위가 아프다」 「계속 책상 앞에 앉아 있는 것이 괴롭다」 「페니스가 발기해서 기분이 나쁘다」 라는 신체에 대한 호소도 했다. 그래서 정형외과, 비뇨기과, 내과 등 여기저기서 진찰을 받았다.

그러나 11월에 사립대학 추천입학에 합격하고, 12월에 들어서면서 말을 걸어도 대답하지 않는 일이 많았다. 또 「부족한 점을 보충하기 위해 놀지 않으면 안돼」 하면서 은행에 돈을 찾으러 간다고 했지만, 입은 옷 밖에 아무것도 가진 것이 없는 채였다. **년 12월 24일 갑자기 「동경으로 일하러간다」 고 집을 나갔으나 역에서 가족들에게 붙들려 집으로 돌아왔다. 이러한 기묘한 행동이 두드러지게 되었고, 28일에도 아무 말 없이 가출했다. 가족으로서는 더 이상 대처할 수 없게 되어 31일 부모님과 함께 본 병원에 검사 받으러 왔다.

경과 :

**년 12월 31일 오후 4시 무렵 부모님과 함께 병원에 왔다. 진찰실에서 갑자기 의자 위에 올라서고, 의자를 들어 올려 끄덕거리며, 환청을 의심하게 하는 부자연스러운 행동을 했다. 필자는 입원의 필요성을 느끼고 D를 입원시켜 치료를 시작했다.

혼미에 가까운 상태가 계속되어 보호실에 입원시켜 치료하게 되었다.

처음 진료 후 1년 지난 1월 4일, 괴로운 표정을 하고, 병이 더욱 심해지는 것 같았다. 말을 걸어도 대답하지 않고 거부적인 태도이고 언어적으로 대처할 수 없는 상태였다. 갑자기 흥분하여 불쑥 불쑥 돌발적으로 행동할 뿐이었다. 혼미상태에 들어가는 때도 있었다.

그 후 한 동안 혼미와 혼미 비슷한 상태를 계속 반복하게 되었는데, 이런 나쁜 상태가 1개월 정도 계속되었다. 주된 증상은 환청 및 생각이나 행동이 갑자기 정지하는 것이었다. 환청으로 식사를 할 수 없다고 했고, 환청의 괴로움이나 불쾌함을 호소했다. 식사를 충분히 할 수 없으므로 링거로 영양보충을 했다.

2월 중순경부터 표정이 조금씩 부드러워지고, 식사를 충분히 하게 되었다. 생각이나 행동을 갑자기 멈추는 일도 없어졌다. 2, 3개월 후에는 행동이 조금씩 안정되어갔고, 변비나 설사를 반복하는 신체 증상을 보이기도 했다. 이 무렵부터 환청이 분명한 목소리는 아니지만 물건 소리에 가까운 불쾌감을 주는 것으로 변했다. 그리고 행동도 점점 안정되었고 대인관계가 개선되어 필자와의 면접도 싫어하지 않게 되었다. 또 권하면 장기, 오세로 게임 등을 하여 거의 다른 환자들을 이기곤 했다. 필자가 봐도 D는 게임에 상당히 강했다.

나카이(中井)가 말한 신체 증상이 나타나는 임계기[2])도 지나고 안정이 되었으므로, 5월 14일에 처음으로 풍경구성법(**작품17**)을 실시했다. 풍경구성은 간신히 했지만 거의 항목의 나열에 가까운 평면적인 구도이다. 필자는 작품17을 보고 D가 아직 이쪽 세계(현실에서 살 수 있는 세계)에 돌아오지 않았다는 느낌을 강하게 받았다. 현실감이 있는 3차원적 세계에서는 먼 저쪽 세계(평면의 2차원적인 세계, 정신병 세계)에 머물러 있는 괴로움이 강하게 느껴져 필자도 마음이 아팠다. 이 작품은 [사례1, 2, 3]의 초기 작품과 같이 2차원적인 구성의 풍경이다.

7월 26일 두 번째 풍경구성법(**작품18**)을 실시했다. 이 작품에서는 강이 완전히 바뀌어 수직으로 흐르고, 서 있듯이 그려져 있다.

작품17

작품17과 비교하면 그림의 선도 분명하고 채색도 전체적으로 진하게 되어 있다. 단지 역시 구성이 충분하지 않고 항목이 뿔뿔이 배치되어 있을 뿐이다. 그리고 평면적인 구도이다. 왜 강이 서 있는지는 알 수 없다. 발달적인 무슨 문제가 영향을 끼친 것일까? 풍경구성법에 있어서 초등학교 2, 3학년 시기에 강을 세워 그리는데, D는 18세이지만 내적인 발달 과정에서 어떤 병리적인 변화가 있었는지도 모를 일이다. 그렇다하더라도 하늘이 전혀 없는 2차원적인 평면구조를 한 풍경이다.

그리고 8월 23일 세 번째 풍경구성법(작품19)을 실시했다. 이번에는 작품17처럼 강이 옆으로 흐르고 있다. 그리고 강에 두 개의 다리가 놓여있다. 산은 왼쪽 하단에, 집은 왼쪽 상단에, 중앙의 상단에

작품18

나무줄기 부분만 그렸다. 전체적인 작품에 대해 말하면, 꽃이 페니스와 닮았다. 발병 당시 D의 주 호소였던 「페니스가 발기해 기분이 나쁘다」는 것과 어떤 관계가 있는 것일까? 사람은 얼굴이 묘사되었고 옷도 채색되었다. 집은 입체적으로 그려져 있다.

그러나 풍경의 구성은 거의 변화 없고, 작품17, 18처럼 평면적인 구성 그대로이다. D의 풍경구성법의 특징은 풍경이 평면적 즉 2차원적인 것이다. 필자는 그가 계속해서 2차원적인 세계에 살고 있다는 것을 이들 풍경화에서 강하게 느낄 수 있었다. 이것이 그의 주된 병 증상의 하나로, 신체의 위화감을 가져오고 충분한 안전감을 얻지 못하고 있는 것으로 생각된다. 이 시점에서 D에게는 분명한 정신병 증상은

작품19

없어지고 환청도 없어졌다. 단 때때로 신체적인 위화감이나 고통이 발작처럼 D를 엄습했다. 또한 활기가 없고, 뭐라 말할 수 없는 피로감이나 불안전감이 강했다. 필자는 D의 풍경구성법을 그의 내적세계라고 보았을 때, D의 그러한 증상이 공감이 가면서 납득되었다. 평면적이어서 깊이가 없는, 여유 없는 세계에서 살고 있는 고통, 그것이 D가 호소하고 있는 것이 아닐까 생각되었다.

병동 생활은 조용하고 안정되었다. 그러나 좀처럼 원래의 활기가 되살아나지 않았다. 8월에 외박을 하기 시작해서, 9월에는 외박을 거듭하다가, 그 후 10월에는 퇴원을 했다. 퇴원 후에는 외래에서 치료를 계속하였다. 증상은 아주 조금씩이지만 개선되고 있다. 혼자서 물건 사러 나가는 등의 일이 많아졌다. 또한 대인 관계도 개선되고 가족과의 관계도 양호하다. 그러나 때때로 신체적인 고통이나 뭐라 말할 수 없는 어려움은 남아있었다. 그래서 풍경구성법도 몇 번이나 실시했지만 작품19와 거의 변화가 없었다. 풍경구성법이 변화 없는 것에 비해서 D의 증상은 조금씩이긴 하지만 개선되고 있었다. 단지 역시 풍경구성법상의 D의 정리되지 않은 평면적인 구성은 아직 D의 진정한 회복이 이루어지지 않고 있음을 나타내고 있다고 생각된다.

[사례5]

E, 남성, 25세(처음 진료 시)
주 증상 : 환각, 무기력
진단 :정신분열병
병력 :
**년 3월 처음 진료한 후 그 다음해 6월까지 외래에서 치료를 받고

있었다. 몇 해 전부터 바보가 된 듯한, 명령받고 있는 듯한 환청이 들려왔다. 자신의 생각을 알 수 없게 되었다. 당연한 일인데도 왜 그럴까 생각하게 되기도 하고, 몇 시 몇 분 전차를 타기 위해 역에서 기다리고 있었는데 그 전차가 도착했는데도 탈 수 없었다고 말했다. 당연한 일을 할 수 없게 되었다. 기숙생활을 하며 일을 했지만 점차 일을 할 수 없게 되어 결국 퇴직하고 가족에게 맡겨졌다. 외래에서 약을 받아먹었지만, 고령의 아버지와 생활을 했으므로 충분한 보살핌을 받을 수 없었다. 그래서 규칙적인 생활을 하고 치료에 전념하기 위해, 처음 진료 후 1년 7개월 무렵 병원에 입원하였다. 입원 후에는 뚜렷했던 환청은 없어졌고, 때때로 잠들 때나 막 잠에서 깨어났을 때 사람의 외침 소리 같은 것이 들리는 정도였다. 그러나 하루 종일 자고 있을 때가 많고 무기력하고 억압되고 우울한 기분이 들었다. 면접에서는 「살아있는 의미가 없었다」, 「주위 사람들은 모두 목적을 갖고 살고 있지만 자신에게는 그런 것이 없다. 살아있어도 의미가 없지 않는가. 무엇을 하면 좋을지 모르겠다」, 「살 목표가 없다. 자신에게 무엇인가 결여되어 있는 기분이다」, 「자신이 이상하다. 잘못되고 있다고 생각하지만 어떻게 해야 좋을지 모르겠다」, 「그러니까 항상 자신이 태엽이 끊어질 때까지 열심히 해서 신체의 상태가 나빠지게 되었고 정신 상태도 따라갈 수가 없게 되었다」 등으로 말했다. 또한 E는 고등학교 2학년 때와 퇴직하기 전 2번 자살기도를 했다. 「이제 자신이 더 이상 살아간다는 것이 괴로워 자신의 의지로 죽어야지라고 몇 번이나 생각했다. 그러나 좀처럼 잘되지 않았다」라고 했다. 그의 괴로움은 깊고 심각했다.

경과 :

처음 진료 후 3년 지난 7월, 필자가 그의 새로운 주치의가 되었다. 필자가 주치의가 된 후에도 분명한 환청체험은 없고, 잠들 때나 잠에서 깰 때 희미하게 환청을 느끼는 정도였다. 그러나 무기력했고 자발성이 심하게 저하되었다. 필자와의 치료관계는 양호했고, 면접에 적극적으로 임했다.

처음 진료 후 4년 지난 6월 2일에 첫 번째 풍경구성법(작품20)을 실시하였다. 풍경구성이 충분히 이루어진 것에 놀랐다. 평온한 풍경이다. 녹색의 산, 펼쳐진 논(밭), 넓은 하늘, 태양의 존재, 무엇이든지 긍정적으로 그리고 있었다. 그러나 사람도 동물도 나무도 꽃도, 살아 있는 것은 어떤 것도 그리지 않았다. 또한 왼쪽 하단의 논(밭)이 2차원적인 방식으로 그려져 있다. 그리고 안쪽에 큰 바다인지 호수인지가

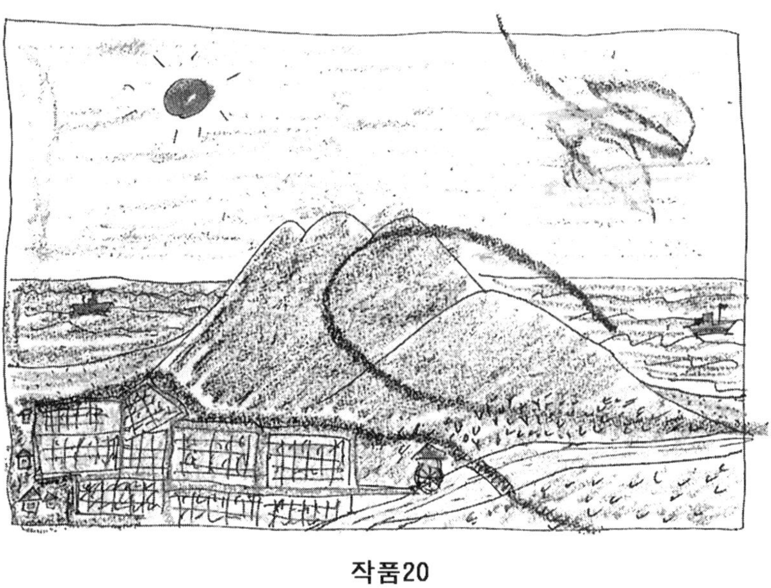

작품20

넓게 그려져 있다. 저 바다 혹은 호수 저쪽에는 무엇이 존재하고 있는 것일까? 이 시점에서 필자는 아직 E에 대한 불안을 느꼈다.

작품20의 풍경구성법은 지금까지 본 분열병 특히 파과형 분열병과는 달랐다. 오히려 병리적인 2차원적 구성을 하고 있는 분열병의 풍경구성법을 보아온 경험에서 말한다면, 정신질환에서 먼 풍경구성법처럼 생각되었다.

E는 그 후에도 입원생활을 계속했다. 조금 기운이 나면 일하러나가서 생산적인 활동을 했지만 장기적으로 계속할 수는 없었다. 피로하기 쉬운 상태가 계속되었음에도 불구하고 정신증상은 거의 없이 매우 안정된 상태였다.

처음 진료 후 5년 지난 10월 16일, 두 번째 풍경구성법(작품21)을

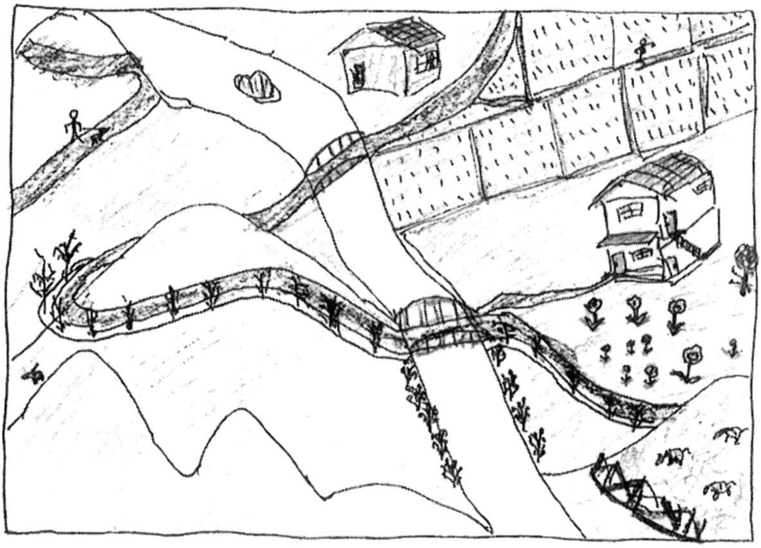

작품21

실시하였다. 이 작품에서 우선 알 수 있는 것은 보는 시점이 바로 위쪽, 비스듬한 위쪽, 바로 옆으로 각각 틀린 점이다. 시점이 바로 위쪽에 있는 것은 논(밭)과 강이고, 비스듬한 위쪽에 있는 것은 길, 집, 다리이다. 그리고 시점이 바로 옆에 있는 것은 산과 왼쪽상단에 있는 산길, 사람, 동물, 꽃이다.

그렉·M·파스는 그림이 그려져 있는 시점의 일관성에 대해「하나의 그림에 여러 가지 시점이 혼재해 있다면, 그린 사람의 인생에 일관성이 없음을 시사하고 있을지도 모른다. 또한 시점이 거의 없다면 정신병일 가능성이 있다」고 말하고 있다[3]. 확실히 E에게는 아직 조금 정신병에 이를 가능성이 남아 있을지도 모른다. 작품20과 비교해서 작품21의 구성은 시점의 혼란이라는 측면에서 말하면 악화된 듯하다. 그러나 정신증상의 개선이나 활동성이 향상된 점으로 말하면, 작품20을 그린 시기보다 작품21을 그린 시기가 훨씬 좋아졌다. 이것은 E의 풍경구성법의 구성이 개선된 것과 정신과적인 회복이 반드시 일치하는 것은 아니라는 점을 나타내고 있다고 생각된다.

그러면 다른 사례의 작품22를 보자. 이것은 해외 생활을 해온 33세 일본인 여성의 풍경구성법이다. 그녀를 F라고 하자. F는 현지의 남성과 연애결혼 하여 해외 생활을 시작한지 얼마 되지 않아 이 작품22를 그렸다. 표면상으로는 그다지 혼란한 모습은 없었지만, 왠지 불안하고 마음이 놓이지 않았다. 그런데 이 풍경구성법을 관찰해 보면 왼쪽과 오른쪽의 시점이 전혀 다른 것을 알 수 있다. 왼쪽 풍경은 바로 위쪽에서 본 시점으로 그려져 있다. 그리고 오른쪽 풍경은 옆에서 본 시점으로 그려져 있다. F가 E처럼 정신병의 가능성이 있다고는 말할 수 없지만 문화가 전혀 다른 이국에서 결혼하여 살고 있으므로

작품22

내면으로는 상당한 혼란을 겪고 있다는 것을 나타내고 있음을 짐작할 수 있을 것이다. 해외 생활의 어려움을 본인의 의식보다도 그림 쪽이 더 확실히 자각하고 있었던 것은 아닐까. 또한 오른쪽의 일상적인 풍경을 그리고 있는 것과는 대조적으로 왼쪽은 쓸쓸함과 고독을 느끼게 한다. 특히 길 옆에 남겨져 있는 빨간색 자전거는 F의 외국에서의 고독감을 상징하고 있는 것처럼 생각된다. 그리고 자전거가 그려진 방법도 시점 방향이 주위 경치와 어울리지 않는다. 하지만 작품22에서는 왼쪽 부분이 본인의 마음을 더 잘 표현하고 있음을 느낄 수 있다.

다시 E의 풍경구성법으로 돌아가면, 작품21에서는 하늘이 없다. 그러나 작품20에서 그려지지 않았던 사람, 동물, 나무, 꽃은 작품21에서는 그려져 있다. 풍경구성법에서 어느 영역을 보거나 어느 시점을 보면서, 그 그림을 그린 사람의 정신이 개선되었다고 판단할 수 있을지는 어려운 문제이다. 그러나 풍경구성법에 있어서 3차원적인 구성은 확실히 중요하다.

그 후 풍경구성법을 실시할 기회가 없어 약 10년 후에 세 번째 풍경구성법(작품23)을 실시했다. 이 작품23에서는 작품21과 다르게 시점이 하나로 통일되어 있다. 각 항목은 가지런하고 연관성도 나쁘지 않다. 구성도 3차원적이고 문제를 느끼게 하지 않는다. 채색도 하늘 외에는 충분히 하고 있다. 그러나 마음 쓰이는 것은 하늘을 색칠하지 않고, 산 정상이 보이지 않는 것, 강의 흐름이 찌그러진 것이다.

E는 이 시점의 2년 전에 퇴원해서 결혼하고 일을 통해서 사회로 돌아갈 수 있게 되었다. 정신병 증상은 거의 없어졌고 사회생활도

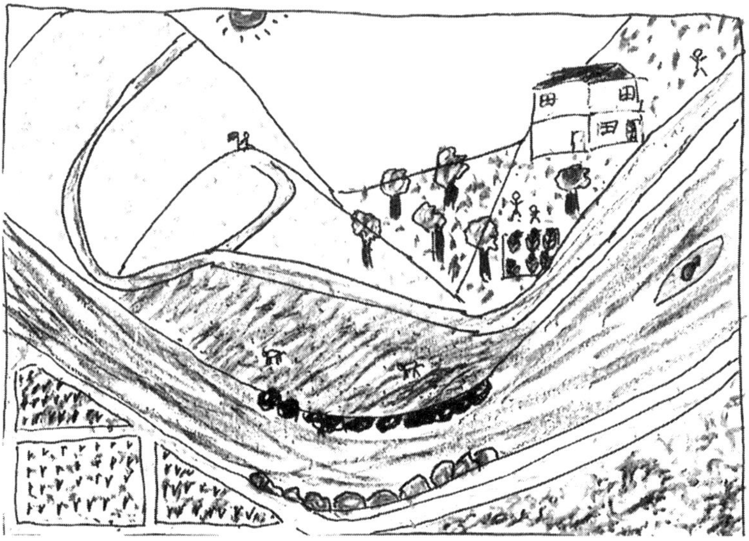

작품23

충분히 할 수 있게 되었다. 이러한 생활은 현재까지 벌써 6, 7년 동안 계속할 수 있었다. 필자의 관점으로는 풍경구성법에서 가장 초기 작품 20이 제일 좋게 생각되지만, E의 경우는 증상 및 사회생활능력과 풍경구성법 개선은 반드시 비례하지 않은 듯했다. 풍경구성법 상 3차원적 구성이 중요하다는 것은 충분히 인식할 수 있지만, 역시 풍경구성법만 보고 그린 사람의 정신 상태를 판단하는 것은 한계가 있어 제멋대로 해석하거나 이해 혹은 판단하게 되면 위험을 초래할지도 모른다. 대담한 해석도 필요할 때가 있지만, 임상에 있어서는 반드시 경계를 해야 한다.

2. 환자 - 치료자 관계에서 발생되는 상징의 관점

[사례6]
G, 남성, 18세 (처음 진료 시)
주 증상 : 환각망상상태, 흥분, 말 많음, 혼미
진단 : 급성정신분열병 (긴장형)
생육사 및 현재 병력 :

아버지 48세, 어머니 47세, 누나 21세로 4인 가족의 평범한 샐러리맨 가정에서 자라났다. 아버지는 학력에 관심이 매우 높아 G가 일류대학에 들어갈 것을 너무나 소망했다. G는 거기에 순응해 필사적으로 국립대학에 들어가려고 노력했다. 어머니는 G가 발병한 뒤 우울증에 걸려 가까운 신경과에서 약물 치료를 받고 있었다. 누나는 대학 졸업 후 일반 기업에서 일하고 있었다.

성격은 어릴 때부터 꼼꼼하고 경직되고 내성적이어서 사람과 그다지 이야기하지 않았다. 초등학교와 중학교에서는 성적이 상위였고, 고등학교에서는 진학반에 들어갔다. 고등학교 3학년이 되어 드디어 진학 공부에 집중하기 위해 여름방학 전에 지금까지 해 온 농구부를 그만두고, 방학이 되어 한층 더 공부에 매달리게 되었다. 이 때 잠자는 시간을 줄여서라도 계획표대로 공부하려고 하는 엄격한 생활을 하였다. 여름방학이 끝나고 등교를 시작할 무렵, 갑자기 「나는 무엇인가 이상해」 라고 말하기 시작하면서, 집안을 이리저리 걸어다니기도 하고, 자신의 방에 틀어박혀 있는 일이 많아지기도 하고, 거의 잤다가 일어났다가 하는 생활을 하였다. 이 때문에 학교도 갈 수 없게 되고, 외가에서 가까운 종합병원 신경과에서 진료 받았다. 거기서 심인성이라는 진단을 받았다. 약을 먹으면 조금 안정이 되었지만, 학교를 가려고 하면 긴장이 심해져서 도저히 학교에 갈 수 없게 되었다. 이때부터 병원을 집 가까운 신경과로 바꾸고 외래치료를 받게 되었다.

그해 겨울 퇴학하고 집에서 치료와 요양에 전념하게 되었다. 서서히 안정을 되찾았고 다음해 4월 대학검정시험을 목표로 해 학원을 다니기 시작했다. 이 무렵부터 잠자는 시간을 3시간으로 정하고 다시 시험 준비에 열중하기 시작했다. 그러나 가족 이야기로는 이 무렵부터 화려한 셔츠를 입기도 하고 지나치게 명랑한 태도를 보이기도 하며, 본래 성격과는 다른 모습을 보여주었다고 한다.

** 년 7월 12일 학원에서 돌아가는 길에 역에 세워둔 애용하던 자전거를 도둑맞은 사건이 일어났다. 이 직후부터 차분하지 못한 불안정한 상태가 되어 집 창문으로 물건을 집어 던지기도하고, 이해할 수 없는 말을 지껄이게 되었다. 그래서 매일같이 근처 신경과에서 약을 늘이고 근육주사를 맞게 되었다.

그러나 7월 18일 급속한 혼미와 급성 착란, 흥분상태에 빠져 한밤중에 집을 뛰쳐나가 행방불명이 되어버렸다. 그리고 도로로 뛰어들어 자동차를 차례로 세우고 보닛 위로 올라가 부수려고 했기 때문에 경찰관에게 보호되어 어느 병원으로 옮겨졌다. 거기서 2명의 정신과 의사에게 정신분열병으로 자신이나 타인을 해칠 위험이 있다고 진단 받아 입원 조치하게 되었다. 나중에 면접할 때 필자가 그 이유를 물어보자, 「집을 뛰쳐나와 배회하고 있을 때, 갑자기 개가 으르릉거려서 거기에 대항하기 위해 흰 차를 세워 부수지 않으면 안 되겠다고 생각했다」는 것이다. 이것은 망상으로 생각되나, G 나름대로는 이유가 있었다.

8월17일 증상이 충분히 회복되지 않았고 아직 불안정했지만 G와 가족의 강력한 희망으로 퇴원하게 되었다. 다시 이전의 신경과에 다니며 치료했으나, 상태는 더 악화되어 창문에서 뛰어내리기도 하고, 뜻 모를 말을 지껄여대기도 하는 등 전혀 안정되지 않았다. 약을 최대한(하루 세레네즈 약 60㎎)으로 늘였지만 혼미, 흥분, 불면증 증상은 개선되지 않았다.

그래서 입원이 필요하게 되자 필자가 근무하는 정신과를 소개받아 G와 가족은 8월 24일 필자에게 외래 진료를 받았다. 주치의나 간호사에게 달려들어 때리는 등 공격성이 강했고, 또 정신운동성의 흥분과 몸이 굳어져 움직일 수 없는 혼미 상태를 번갈아가며 반복했다. 정신병 증상은 첫 번째 입원 후 조금 안정되었지만 결국 표면적인 정도였고, 환각 망상 상태는 1, 2개월간 계속 지속되었다. 그래서 본병원에서도 정신분열병이라고 진단하여 입원하도록 하였다.

G의 자아(정신)는 전혀 기능할 수 없는 상태였으므로 언어적으로 치료를 진행하는 설득이 불가능했다. 그래서 우선 처음으로 치료적

테두리 구조로 보호실을 선택해 집중적으로 치료를 시작했다. G는 병적체험(무의식의 파괴적인 활동성에 의해 자아가 압도된 상태)을 언어화할 수 있을 정도의 자아는 거의 없고 무의식이 가지는 파괴성에 모든 것이 지배되고 있는 상태였다.

나중에 그가 회복되었을 때 입원초기의 일을 묻자 기억이 거의 없다고 대답했다. 통상적으로 혼미했을 때의 일은 기억하는 경우가 많지만, 그의 경우처럼 무의식(분열병 콤플렉스)[주1]의 파괴성이 지나치게 급격히 높을 때에는 자아의 기능이 일시적으로 정지되고, 기억도 활동하지 않게 된다고 생각된다. 그 대신 자아는 무의식이 가지는 분열병 콤플렉스의 파괴력에서 일시적으로 벗어날 수 있다.

이런 점이 긴장형이 파과형보다 자아기능의 회복이라는 면에서 예후가 좋은 점일 것이다[4]. 파과형인 경우 병적 체험을 선명하게 기억하고 있는 때가 많아, 그런 만큼 자아가 서서히 만성적으로 파괴되어 자아에 장해를 남기기 쉽게 된다. 상황을 판단하여 보호실을 사용하면서 심리치료와 약물치료를 병행하면서, 자아보호와 분열병 콤플렉스의 파괴력이 수습되기를 기다린다는 치료방침을 세워 진행했다.

실제로는 보호실에 필자도 들어가서 옆에서 1, 2시간 정도 앉아만 있는 슈빙 방법[5]과 구체적으로는 진정을 위한 약물치료였다. 진정이 충분해지면 환자와의 직접적인 관계가 조기에 실현된다. 이것에 의해 이 콤플렉스 파괴력은 약해지고, 자아의 기능을 조금씩 되찾을 수 있게 되는 것이다.

확실히 외견상으로는 안정된 듯이 보였지만 보호실에서 나와서 일반실로 옮겨 하루도 지나지 않아 무의식의 파괴력에 압도당해 버리고, 정신병 증상이 심해져 또 보호실로 되돌아가는 상태를 반복했다. 보호실로 돌아와 얼마 동안 있으면 다시 안정을 되찾았다. 이 사례는 자아의 약한 것도 원인이라고 생각하지만, 그 이상으로 무의식에 있는 분열병 콤플렉스의 파괴성이 현저한 경우라고 생각한다.

보호실에서의 치료를 계속했지만 약물치료와 심리치료도 병행하여 G는 점차 안정되기 시작하고 언행이 정돈되어 갔다. 주치의인 필자에게 「여기서 함께 자 줍니까」 하고 묻기도 해 보호실내에서 치료자와 환자 G와의 관계가 밀접해졌다.

그 치료적 구조는 다음과 같이 생각할 수 있다. 치료자가 환자와 함께 보호실에 들어가 문을 닫고 함께 지낸다는 것은 치료자의 자아 경계를 개방해 일체화하는 것, 즉 일시적으로 공생관계가 이루어지는 것이다. 그 상황에서 필자는 스스로의 이미지를 움직여 자아 경계를 보호실 울타리까지 넓힌다. 환자도 이미 그의 자아가 보호실에 의해 지켜지고 있어 그 기능을 보호실 울타리에 맡기고 있는 상태이다. 그러면 치료자와 환자가 함께 동일한 내적 공간을 공유하게 되어 더욱 더 공생 관계가 된다. 보호실에서의 심리치료는 치료자로서는 조금 두려운 것이지만 중요한 첫 걸음이다.

그러나 환자는 파괴적인 콤플렉스의 지배 한가운데에 있다. 그것에 심리적으로 감염되어 치료자의 분열병 원형도 부활되고, 그것에 의해 분열병 콤플렉스도 형성되어 큰 공포심, 초조감, 한시라도 빨리 여기서 도망치고 싶은 충동 등에 압도되어 버려 치료자로서는 굉장한 위협을 느끼게 될 것이다.

그 순간 치료자는 스스로의 자아를 강화하는 태도가 필요하다. 공생관계를 위해 넓혔던 상대방까지 포용하는 공통의 내적 공간을, 어느 한 순간에는 스스로를 지키기 위해 자신의 울타리까지 닫고 견고하게 하는 힘도 필요로 한다. 그렇지 않으면 먼저 자신의 분열병 콤플렉스에 견디지 못하고, 나아가서는 분열병 환자와의 치료적 공생관계를 지속할 수 없다. 보호실을 이용해 공생관계로 들어가 치료자는 스스로의 분열병 콤플렉스에서 자아를 지킬 수 있고 또한 안정된 자아와 분열병 콤플렉스와의 관계가 가능하다면, 치료자는 환자의 강한 파괴력을 지닌 콤플렉스와도 안정된 거리를 가질 수 있게 된다. 치료자가 분열병 콤플렉스와 적절하고 안정된 거리를 가질 수 있다면, 환자도 그 콤플렉스에 대해 자연히 같은 태도와 거리를 가질 수 있게 된다. 그러면 그들 내부에 있는 건설적인 치유력을 가진 원형적 이미지가 서서히 높아진다.

또한 치료자가 가진 자연스럽고도 끊임없이 작용하고 있는 치유적 원형도 동시에 환자에게 전달되어 그것을 활성화 할 수 있게 될지도 모른다. 그리고 그 공생관계의 보호실을 이용한 치료자-환자 관계에서 발생된 내적 공간에서 새롭게 환자는 재생된 자아를 받아들일 수 있는 것이다. 이상과 같은 이러한 치료구조가 치료자-환자 관계를 통해 서로의 내면에서 작용하고 있는 것은 아닌가 생각된다.

이것을 또 다른 각도에서 고찰해 보면, 치료자 안에서 작용하는 자기 자신의 자아를 지키는 것과 동시에 환자의 자아를 보호하는 힘은 치료자 안의 보편적인 부성(父性)의 작용을 필요로 한다. 동시에 치료자가 환자와의 치료적 공생관계를 가지는 힘은 보편적인 모성(母性)의 작용을 필요로 한다. 그래서 이러한 분열병의 심리치료에는 개인적이고 의식적인 치료관계나 그 영역에서의 관계로는 충분하지 못하다.

그러므로 치료자는 보편적인 영역까지의 힘을 발휘해야하므로 힘이 들고 더구나 상당한 심적 에너지를 필요로 한다. 이 보호실에서의 심리치료 구조는 나중에 말하게 될 G와의 미술치료에서도 심리학적으로 똑 같이 일어나지 않을까하는 생각이 든다. 이것은 뒤에 말하기로 하자.

10월 10일, 이번 한 주간 반나절 보호실에서 나와 있어도 정신적으로 안정된 상태가 계속되었으므로 병동 면접실에서 첫 번째 풍경구성법을 실시하였다. 펜으로 그림을 다 그리고 크레파스로 색칠하는 도중에 필자를 긴급히 부르는 방송이 흘러나와, 크레파스를 책상에 두게 하고 더 이상 절대로 그리지 않도록 다짐을 하고 G를 면접실에 두고 나갔다. 약 15분후 필자가 면접실로 되돌아보니 다짐을 했음에도 불구하고 G는 제멋대로 계속 그리고 있었다. 그 작품은 이미 펜으로 그린 원형을 그대로 두지 않고 테두리 밖으로도 채색되어 있고 게다가 도화지 뒷면에도 지리멸렬하게 그림이 그려져 있었다(작품24). 태양은 4개, 정면에는 전체적으로 조화되지 못하고 이상하게 존재를 과시하는 큰 나무, 몇 마디의 말을 따로 따로 쓰고, 배색도 난폭했다. 어느 것을 보더라도 채색 이전의 정돈됨은 없고 정신병 상태의 혼돈이 표현되어 있을 뿐이었다. 또한 도화지 뒷면에 그려진 것은 언어가 나열되어 있어 조금도 정돈되지 않은 것이었다.

작품24는 필자가 환자 옆에 있었을 때 그렸던 시점에서는 이렇게 지리멸렬한 풍경화는 아니었다. 필자라는 치료자의 존재가 없어진 시점에서, G의 정신은 다시 착란 상대로 되돌아갔다. 금방 다시 돌아가 버리는 것이었다. 이것이 무엇을 의미하는지는 아래에서 고찰해보고자 한다.

풍경구성법에서 뿐만 아니라 일반 그림에서도 마찬가지지만 환자는 치료자라는 존재를 가지고 그림을 창조할 수 있다. 또한 환자는

작품24

어떤 치료자인지에 따라 그림이 달라질 수 있다고 생각된다. 그만큼 미술치료에 있어서 그림은 옆에 있는 치료자의 존재가 큰 영향을 미친다. 필자는 여기서 그림을 그리게 된 환자 G와 필자와의 치료적 관계의 원천을, 환자 G와 치료자의 무의식이 겹쳐져 일순간 서로에게 공유된 무의식이 된다고 생각한다. 이것을 임의로 무의식일체라고 부르기로 하자.

무의식일체는 치료관계를 통해 앞에서 말한 환자의 분열병원형과 치료자의 분열병원형이 서로 작용해 심리적으로 공유한 장이고, 특히 활성화한 분열병원형이 환자로부터 치료자에게 옮겨져 부활되고 영향을 주는 무의식의 자리이기도 하다. 치료자는 스스로의 분열병원형

그림3 무의식일체와 치료자-환자관계

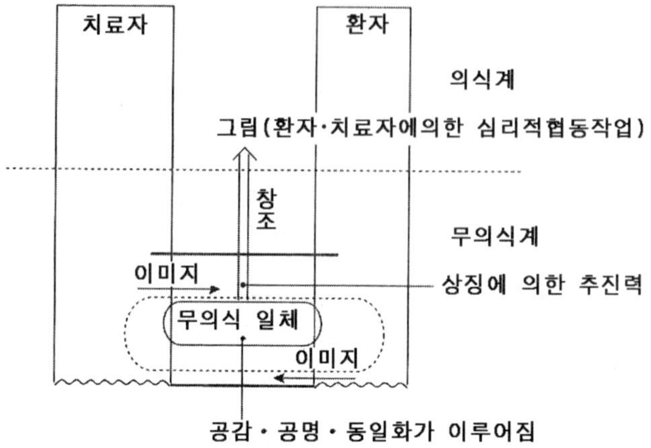

을 핵(核)으로 하여 분열병 콤플렉스가 형성된다 해도, 환자만큼 그것에 자아를 위협받거나 병리성을 강하게 나타내지는 않지만, 적어도 스스로 정신적인 타격을 받는다. 그러나 치료관계에서 환자-치료자 간의 무의식일체는 서로가 공명하고 공감하는 가운데 원형 간의 연결이 생겨, 그 무의식일체의 장소에서 치료자는 환자를 지키고 지지하고 여러모로 관계할 수 있다. 그 관계, 교류, 역동, 에너지의 흐름, 그 중 하나가 환자가 그리는 그림을 결정(結晶)처럼 만들어 내는 것이다. 그러기 위해서는 환자-치료자 사이의 무의식일체가 불가결하다.

작품24에 있어서 도중까지 G는 마음의 심층에서 필자와의 공통된 무의식일체를 느끼고, G의 무의식의 심층에서는 그 무의식일체가 활동하고 있었다고 생각된다. 그러나 치료자인 필자가 도중에 방을 나가는 사고로, 활동하던 무의식일체의 형태가 붕괴되고, 그것을 지키고 있던 큰 울타리였던 치료자의 존재를 잃게 되자, 단번에 정신적 상태가 무너진 것이리라. 정신병 단계에서 환자 G와 치료자의 공통된 무의식일체는 무의식의 심층에 위치하기 때문에 그것을 지탱하는 울타리에는 상당히 견고한 치료자의 존재가 필요한 것이다.

즉 환자와 치료자의 공통된 무의식일체에는 마음의 심층까지 어떤 공감이 필요하지만, 동시에 그 심층까지도 지탱하여 지키는 견고한 치료자의 울타리가 필요하다. 이 사례처럼 분열병(자아의 위약성과 파괴적 무의식과 변화된 분열병 콤플렉스에 의한 상태)의 심리치료인 경우, 미술치료를 통해 치료자와의 공통된 무의식일체와 동시에 견고한 보호가 없어지면, 자아가 일시에 파탄하는 듯한 정신착란의 명백한 재연을 초래한 급성 증상이 되어 버린다. 매우 위험하고 연약하기 때문에 참으로 신중한 배려를 필요로 한다.

그림을 통해 환자와 치료자와의 사이에서 일어난 심리적·무의식적 관계에서 생겨나는 환자와 치료자의 공통된 무의식일체와 치료자의 견고한 보호가 얼마나 치료에 큰 영향을 주는지가 이 사례 그림에서 증명되고 있다. 이 그림을 통해 심리적·무의식적 관계(환자-치료자간의 무의식일체의 발동)는 치료자가 환자의 자아를 지키는 울타리의 작용, 치료자가 환자의 병리를 어느 정도 흡수하는 작용, 그리고 치료자의 치유능력이 환자에게 옮아가게 하는 작용을 한다고 생각된다.

따라서 이 사례처럼 치료자가 외적 혹은 내적(이 시점에서 아직 치료자는 환자와 충분한 치료관계에 이르지 못했다고 생각된다)으로도 부재가 된 경우, 분명히 정신이 붕괴하는 것은 당연할 것이다.

또 한 가지 치료적 관점으로서, G가 다시 증상을 일으킨 원인이

된 필자의 갑작스런 퇴실은 사고(accident)라고 말할 수 있고 필자의 책임이었다. 위에서 기술한 것을 좀 더 잘 이해했다면 G와의 치료를 중지하고 G와 함께 방을 나갔어야 했다. 필자의 반성과 미안함이 그 후 G의 치료를 신중하게 하고 한층 더 심도 있게 하는 결과를 낳았다. 즉 심리적·무의식적 관계를 통해 환자와 치료자의 공통된 무의식일체를 더욱 의식하고 강화하며 끝까지 지켜주려는 심리적 작업이었다. 그것은 당연히 치유력을 가지게 마련이다. 그 성과가 다음의 두 번째 풍경구성법을 만들어 냈다고 생각한다.

그런데 이 풍경구성법에 대한 고찰과 앞에서 말한 보호실에서의 치료 관계를 통한 생각을 비교하면 매우 흥미롭다. 풍경구성법이라는 미술치료법을 통한 환자와 치료자의 공통된 무의식일체는, 보호실을 치료자와 환자의 공통된 내적 공간으로 한 공생관계와 동일한 의미라고 생각할 수 있다. 미술치료를 통한 환자와 치료자의 공통된 무의식일체는, 도화지라는 2차원이 유지되는 공간 말하자면 보호실에서 환자와 치료자가 내면적으로 여러 가지를 주고받고, 즉 이미지나 감정을 공통의 장소에서 교환하고 서로가 한순간 일체가 되는 심리적 장소가 된다. 또한 그것은 환자-치료자 서로간의 무의식의 영역이고, 일체 또는 동일하게 되기 위해 보상관계도 성립하여 환자의 치유력도 한층 활성화되기 쉬워진다. 보호실에서는 서로 주고받는 것이 눈에 보이지 않고 확실한 것도 없는 것 같지만, 그림에서는 그 과정의 진행과 상징을 통해 형태로 잘 표출된다.

그러나 급성기에서 임계기[주2]까지의 병 증상이 매우 활발하고 자아가 아직 위약한 시기에는, 오히려 보호실에서의 이미지 주고받기나 치료자 스스로가 자신의 분열병 콤플렉스와 싸우는 쪽이 환자의 치료에 유효하다. 만약 임계기가 지나고 자아의 재생이나 안정을 얻을 수 있게 되면, 도화지라는 공간에 환자와 치료자의 공통된 무의식일체에서 안심하고 환자의 세계를 그리도록 하는 것이 치료적으로 유익하다. 또한 치료자는 풍경화라는 눈에 보이는 형태로, 환자로부터 이미지나 메시지를 알 수 있게 된다. 이 이중의 힘이 환자에게 치유력이 된다.

분열병인 사람은 3차원보다 2차원 공간에서 안심감을 얻는다. 그것을 모래상자치료가 분열병인 사람에게는 적응하기 어려운 점에서도 알 수 있다. 따라서 미술치료가 이 사례처럼 큰 치료적 효과를 발휘한다. 보호실을 치료자와 환자의 공통된 내적공간으로 한 공생관계이든, 그림을 통한 환자와 치료자의 공통된 무의식일체이든, 거기서 안전하고 안심할 수 없다면 어떤 치료 효과도 가져올 수 없다. 그 증거가 작품24의 결과였다. 또한 작품24는 그만큼 필자와 환자의 관계가 깊어져 서로 무의식일체가 동일화하여 작용한 것이리라. 그렇지 않다면 치료자의 부재에 의해 한순간에 다시 증상을 드러내는 일은 없었을 것이다. 그것을 이해하지 못했던 필자에게 임상에 있어서 무지의 두려움을 생각하게 하고 깨닫게 하는 계기가 되었다.

다시 한번 위의 내용을 반성하고 마음에 새겨 더욱 더 치료를 위해 노력했다. 그래서 보호실을 이용해 공생관계를 다시 집중하게 되었다. 그 후 임계기도 지나고 자아도 안정되어 보호실에서 나가도 전체적인 안정을 되찾을 수 있게 되었으므로, 12월 11일에 G의 정신상태는 풍경구성법을 충분히 견딜 수 있다고 판단하여 두 번째 풍경구성법을 실시하였다(작품25. 이것은 작품1과 같다). 이미 제 2장에서 말 한 것처럼

작품25

그림을 다 그린 후 G는 「계절은 깊어가는 가을이고 산이 단풍으로 물들어가고 있습니다. 강은 급하게 흐르고 있지만 바닥은 얕습니다. 거기에 한 마리 사슴이 몇 년 만에 산속에서 나와 마을 가까이로 오고 있습니다. 하늘은 좁고 흐려 있습니다.」라고 말했다. 보통 분열병에서 회복하고 있는 환자가 그림에 대해 스스로 말하는 것은 그다지 흔하지 않은 일이다.

필자는 G의 자아 재구성이 확실히 진행되고 있다는 것을 이 작품에서 이해할 수 있었다. 일반 병실로 옮겨진 후에도 G는 이전처럼 재연하는 일 없이 안정된 병동 생활을 보냈다. 또한 자아가 회복됨에 따라 언어적인 면접도 충분히 할 수 있게 되어, G 본래의 건강한 얼굴이 살아나기 시작했다고 느껴졌다. G는 언어에 의한 면접을 즐기고 있는 것처럼 생각되었다.

그러나 병적 체험에 대해서는 생각나지 않는다고 말할 뿐 거의 말하지 않고, 무언가 접촉하고 싶지 않아하는 모습이 엿보였다. 그 때문에 G의 언어적인 면에서의 회복은 주목했지만, 말을 통해서 병적체험까지 다루는 면접은 굳이 실시하지 않았다. 왜냐하면 필자는 본능적으로 그것을 건드려서는 안 된다는 생각을 하였고 병적체험에 대한 직접적인 언어적 접근을 무리하게 시도하는 것이 자연적인 회복과정에 악영향을 끼친다고 판단했기 때문이다. 이때는 미술치료만으로 충분하다고 생각한다. G는 자신이 가장 좋아하는 음악그룹의 CD를 필자에게 빌려주어 필자는 열심히 그것을 들었다. 이 무렵부터 언어를 매개로 해서 의식적으로도 G와 필자와의 신뢰관계가 쌓였으리라.

작품25에 대해서는 하나하나의 그림선이 아직 군데군데 약하게 흘러 떨어져버릴 듯한 느낌을 받았다. 그 중에서 그림 중심에 위치하는 사슴이 치료과정과 그 이해에 매우 큰 의미를 갖고 있다고 생각된다. 필자의 경험에서도 혹독한 상황 하에서 자신을 투사하는 항목으로 인간을 선택하기보다 동물을 선택하는 일이 종종 있었다. G는 자신의 상황을 사슴에 투사하고 있다고 생각할 수 있다. 곧 산속이라는 무의식의 도깨비들 세계(G의 정신병상태)에서 겨우 현실장소인 마을에 도착했다는 생각이 필자에게는 강하게 느껴진 것이다. 사슴은 신의 세계와 이 세상을 연결하는 동물(무의식과 의식 사이의 매개자)이고 정신의 인도자이기도 하다. G는 스스로 본능이 가지는 인도자를 따라 현실 세계에 되돌아오려 한다고 판단했다. 그래서 사슴은 G 본인일지도 모르지만 G 영혼의 한 표현이라고 생각할 수 있을지도 모른다.

또한 깊어가는 가을과 전체적으로 흐릿한 색채는 G의 강한 피로감을, 좁은 하늘은 G의 불투명한 미래를 나타내고 있는 듯이 생각되지만, 이 작품에서 자아의 재구성이 확실히 진행되고 있는 것을 이해할 수 있었다. 그리고 이 작품은 G가 회복과정으로 나아가는 전환점에 그려진 것이라고 확신하였다. 또한 오른쪽 하단에 그려진 사람이 논(밭)을 경작하고 있는 부분은 현실 세계에서 발휘할 수 있는 G의 능력을 암시하고 있는 것으로 생각된다. 색채가 전체적으로 적갈색이며 꽃을 채색하지 않은 것은 G의 심적 에너지가 낮은 것을 나타내고 있으리라. 필자는 G가 용케도 여기까지 분발해 주었다는 생각을 가지고 그와의 공감을 한층 더 강화 했다. 그것과 동시에 이 시기가 매우 중요하다고 판단하고 치료를 더욱 신중하게 했다.

게다가 작품25는 작품24와 매우 다르게, 치료자의 존재가 항상 착실히 G옆에 있었다. 이 그림은 틀림없이 환자와 치료자가 서로의 내면・무의식의 일체감 속에서 만들어낸 것이다. 이 작품을 만들어낸 기반은 역시 환자 G와 치료자의 공통된 무의식일체에 있었다. 이 무의식일체가 환자와 치료자 사이에서 일어나는 심리적・무의식적 관계를 가능하게 했다. 환자 G와 치료자의 공통된 무의식일체에 의해 환자 본인이 알아차리지 못했던 내면 치유력의 움직임을 치료자가 확실히 받아들여, 어떤 때는 그것을 환자에게 되돌려주고 어떤 때는 치료자만이 그것을 마음에 담아두었다가 환자의 치유력을 확신하고 치료에 자신감을 높여갔다.

되풀이 되지만 작품25에서 필자는 우선 사슴에 주목했다. 위에서 말한 것처럼, 사슴은 정신의 인도자, 영혼의 인도자이다. 일본의 신도에서는 신의 심부름꾼으로 신사 등에 있는 두루마리 그림에는 종종 신들의 상징과 함께 그려져 있다. 또한 켈트족 신화에서는 신들과 인간세계를 연결하는 사자가 되었다. 또 사슴뿔에는 여러 가지 약효가 있고, 고기에는 해열작용도 있는 것으로 알려져 있다. 사슴은 나뭇가지처럼 뿔이 주기적으로 새롭게 자라나기 때문에 생명의 순환, 신생, 시간 경과의 상징이 되었다[6]. 이처럼 사슴은 환자 G의 회복에 지대한 영향을 미치고 있는 치유력의 상징인 것을 이해할 수 있다. 이 이해는 치료자의 입장에서 환자와의 공통된 무의식일체에서는 직감적으로 인식할 수 있다. 그 직감력은 환자 G와 치료자의 공통된 무의식일체에서 나온 것이므로 확실하다.

환자 G와 치료자 사이의 공통된 무의식일체는 풍경구성법을 실시하기 전 최초에 치료를 시작했던 무렵부터 서서히 형성되었는지도 모른다. 그리고 작품24를 그릴 때 치료자의 부재는 도저히 그림을 그릴 수 없을 정도의 불완전한 무의식일체였을지도 모른다. 또 작품25를 그릴 때에는 물론 치료자가 현실에 존재했지만, 환자 G와 치료자 사이의 공통된 무의식일체는 사슴이라고 하는 치유력의 상징을 낳을 정도로 확고하게 성장했는지도 모른다. 이 시점에서 환자 G의 무의식에 치유력의 상징을 생산할 힘을 가졌다고 하는 것은, 역시 환자와 치료자의 무의식일체를 형성하는 견실한 공동 작업이 근본이 되었다.

혹시 필자가 G에게 사슴이 치유력의 상징이라고 설명했다 하더라도, 환자 G와 치료자의 공통된 무의식일체가 확고하게 성장되어 있다면 그러한 설명이 특히 치료적으로 필요하다고 생각지는 않는다. 그렇지만 혹시 환자가 자아의 단계에서 상징을 이해할 수 있는 경우에는 설명이 치유로 나아가는 자신감과 격려를 가져올 수도 있을 것이다. 그러나 그 설명도 환자 G와 치료자의 공통된 무의식일체가 바탕에 존재하기 때문에 의미가 있는 것이다.

무의식 수준에서 올라가 의식적 수준에까지 통찰이 가능하다면 치유의 상징을 만나는 것은 서로 이야기할 수 있지만, 오히려 환자보다 치료자 측에서 치유에 대한 자신감을 갖는 경우가 많은 것 같다. 필자에게 솟구친 G가 가진 치유력에 대한 확신은 더욱더 환자 G와 치료자 사이의 공통된 무의식일체를 강하게 해주었다. 이 시점에서 환자와 치료자 사이에 일어난 심리적·무의식적 관계는 더욱 강화된 듯이 느껴졌다. 또 작품25는 환자 G의 치유력이 되었을 뿐 아니라 치료자인 필자의 치유력이 된 것은 아닐까하고 진지하게 생각하기도 했다. 미술치료를 통한 치료관계 뿐만 아니라 모든 치료과정 속에서 현실의 치료자가 환자에 의해 치유 받는 경우가 종종 일어난다. 분명히 작품25는 필자의 현실적 상태에 대해서 뿐만 아니라, 필자의 파괴적 측면도 치유했다고 분명하게 느끼고 있다. 이 사례는 특히 언어적인 관계보다 그림에 의한 비언어적인 관계 측면에 치료적으로 중점을 두었고 그 효과도 매우 컸다고 생각된다.

작품25에서는 오른쪽 하단에 사람이 그려져 있고, 중앙 근처에 사슴이 그려져 있다. 그러나 이 후의 작품에는 동물이 중앙에 위치하지 않고 사람을 약간 중앙으로 그리고 있다. 이것은 작품25단계에서 환자와 치료자와의 공감 수준 및 관계가 인간적-의식단계가 아니라 동물적-무의식 단계인 것을 나타내고 있다고 생각된다.

즉 작품25에서 환자 G와 치료자의 공통된 무의식일체는, 환자 G와 치료자 모두에게 있어서 더 깊은 무의식 단계에서 생겼다고 말할 수 있다. 그러므로 사람이 아닌 사슴이라는 동물이 치유력으로 출현하고 거기에 상징이 깃들어 있다고 생각했다. 작품25 이후에서는 공감 수준이 좀 더 의식단계로 변화한 것처럼 생각된다. 그러나 분열병처럼 인격의 심층에 뿌리내린 마음의 병일 경우, 치유력을 만들어내는 환자와 치료자의 관계는 환자와 치료자의 공통된 무의식일체가 더욱 깊어서 인간적-의식단계에서는 도저히 이해할 수 없는 영역의 관계가 필요하리라. 그것이 작품25의 사슴과 사람의 자리매김이 다른 것으로 표현된 것은 아닐까.

그런데 무의식 단계뿐만 아니라 현실적인 면의 언어적 관계에서도 환자 G는 작품25를 그린 후, 「한 마리의 사슴이 몇 년 만에 산속에서 나와 마을 가까이에 왔습니다」라고 말해, 본인이 어딘가 회복해 가고 있다는 느낌을 가지고 있는 것처럼 필자는 느꼈다. 또 G는 「하늘은 좁고 흐려있습니다」라고 말하여, 필자가 이미 말했지만 본인이 피곤한 상태인 것을 잘 이해하는데 도움이 되었다. 이러한 것들도 치료적으로 도움 되었다.

그런데 작품24와 25를 비교했을 때 명백하게 이해할 수 있는 차이는, 역시 환자 G와 치료자의 공통된 무의식일체를 치료자 측에서 어느 정도 깊은 수준으로 알아차리고 있었는지, 그리고 환자와 치료자의 공통된 무의식일체를 지탱하는 견고한 치료자의 존재를 치료자 측에서 어느 정도 이해할 수 있고 그것을 실천할 수 있었는가 하는 것이다. 그 차이가 작품24에서 작품25로 변화시킨 요인이라고 생각된다. 그것은 치유력이 작용한 증거이기도 했다. 그리고 역시 작품24를 그릴 때 치료자를 잃은 상태가 나중에 큰 힘이 되어 주었다.

한 가지 더 G의 풍경구성법에서 필자가 주목한 것은 하늘의 넓이와 그 모양이었다. 이것은 그 후 일련의 풍경구성법을 보게 되면 더 잘 이해할 수 있지만, 작품25에서는 하늘이 조금 보이는데 채색은 거의 되어 있지 않고, 푸른색이 아니라 검은색을 조금 칠하고 있다. 일련의 풍경구성법을 통해서 하늘 모양이나 그 변화에도 주목하고 싶었다.

처음 진료 후 1년이 지난 2월 4일, 세 번째 풍경구성법(작품26)을 실시했다. 이 시기에 G는 안심하고 미술치료를 실시할 수 있을 정도로 회복되었다. 또 퇴원하기 바로 전이고 해서, G의 정신 상태를 풍경구성법에서도 관찰해 보고 싶었다. 풍경구성법을 끝낸 후 G는 이 작품에 대해, 「겨울 산에서 1~2년 만에 집으로 돌아 왔습니다. 집에 들어가 한숨 돌리고 그 후 개를 데리고 다시 나옵니다. 이번은 바로 앞길을 오른쪽으로 향해 걸어가려고 생각합니다. 계절은 아직 겨울이지만」 라고 말했다. 아직 조금 피로감은 남아있었지만, 집에서 충분히 쉬면 빨리 회복될 것이라고 생각되었다. 또 G가 말하는 것처럼 오른쪽 길을 잘 걸어가면, 장래 전망도 보다 현실적으로 가까워지고 재발하지 않을

작품26

것으로 추측되었다.

작품26을 좀더 상세히 관찰해 보면 작품25에 비해 선이 확실하다. 여기에서 무엇보다 주목할 것은 그림의 중심에 위치한 소년이다. 이 소년이 G 자신인 것은 그가 하는 말에서 분명히 알 수 있다. G는 확실하게 현실세계(인간세계)로 되돌아왔다고 말할 수 있다.

동물인 개는 집 옆에 있는 개집에 단단히 묶여있다. 전에 발병해 집을 뛰쳐나갔을 때 도중에 흰 개가 으르릉거려서 그 자극으로 흰 차를 차례로 세워 부수려고 했던 일이 생각났다. G는 이제 충동성(동물적 본능)을 조절할 수 있게 되었고, 그것을 자신 속에 묶어 둘 수 있게 되었다(자아 조절이 가능하게 되었다). 정신병적인 충동성은 이제 자신이 조절하는 범주에 들어갔다.

흥미로운 것은 그 후 일련의 풍경구성법 속에서 개가 항상 등장하고 있고, 사람 옆에 있는 때가 많다. 작품26에서는 아직 개는 묶여있지만 이 개는 G가 발작했을 때 G를 위협하는 존재였던 것과는 반대로 G를 지켜주는 수호신의 사자로 상징화한 동물은 아닐까 생각해 보기도 했다. 또 계절이 겨울이므로 피로를 없애기에는 아직 조금 더 시간이 걸리겠지만, 꽃에는 색칠이 되어 있어 이제 곧 봄이 올 것이리라.

나무는 작품25와 같이 붉은색과 검은색이 혼합하여 채색되어 있다. 작품25, 26 모두 나뭇잎은 전혀 그려져 있지 않다. 줄기와 가지의 색이 붉은색과 검은색을 하고 있는 것에서 정신병 상태에 빠져있었던 상황을 이해할 수 있다. 바움테스트처럼 나무는 그 사람의 인격을 표현할 때가 있다. 정신병 상태가 얼마나 사람을 극도로 소모하게 하는지를 다 타버린 색으로 붉은색과 검은색을 쓰도록 했다는 것으로 이해할 수 있다. 경우에 따라서는 정신병 상태가 남아있거나 거기에서 벗어나지 못했을 무렵의 나무그림으로 줄기와 가지 색이 붉은색이나 검은색으로 채색되는 일이 많다. 작품24도 큰 나무 줄기와 가지 색이 검은색이었다. 작품26의 꽃에 채색되어있는 것도, 작품25와 비교해 보면 회복을 더욱더 기대할 수 있는 것이다.

그리고 앞 작품과 비교하면 하늘 공간이 보다 넓어져있다. 이 작품은 앞 작품의 상황보다 더욱 더 회복이 진전되고 있음을 새롭게 시사하고 있다고 생각된다. 앞 작품25에서 사슴의 인도에 의해 G 자신은 간신히 현실로 되돌아 왔다. 이 그림에서는 자아가 G 존재의 중심적인 역할로 되돌아 왔다. 그리고 작품26의 집은 작품25와 비교하면 상당히 견고한 구조로 묘사되어 있다. 이것은 G를 쉬게 하고 치유해 주는 장소로서 역할을 한다는 것이리라. 이것으로 필자도 안심하고 G가 퇴원할 수 있다고 확신했다.

다음날 2월 5일에 퇴원하여 외래에서 치료를 계속했다. 외래 진찰에서 「바쁠수록 둘러가야지 하는 마음입니다」 라고 침착하게 말했으나, G는 고등학교를 3학년 때 중퇴했으므로 어떻게 해서라도 복학해서 고등학교를 졸업하고 싶다고 말했다. 그래서 어느 고등학교의 편입시험을 쳐서 합격하고 4월에 고등학교에 복학해 3학년을 다시 다녔다.

4월 7일, 무사히 고등학교를 편입할 수 있었던 G는 1년만 다니면 고등학교 졸업 증서를 받을 수 있다고 말하여, 이제 관해기(寬解期, 역자 주: 정신분열증이 좋아져서 증상이 없어지고 겉보기에 나은 것처럼 보이는 진정기)도 무사히 통과했다고 생각했다. G는 그 후에도 안정감 있게 학교를 다녔다.

5월 24일, 「학교는 재미있습니다. 여러 사람들이 있으니까요」 라고 말했다. 네 번째 풍경구성법을 실시(작품27)했다. G는 이 작품에 대해 거의 말해 주지 않았다. 그러나 이 작품의 특징은 그려진 선이 더욱더 힘 있고, 색채가 선명했다. 산이나 전체 색채가 이전에 비교하면 한층 밝게 변해 있었다. 산이나 나무들도 녹색으로 색칠되어 있다. 나무줄기는 갈색으로 변해있다. 이들은 모두 큰 변화이다. 그리고 사람이 개를 묶지 않고 같이 앉아 있으면서 낚시를 하고 있다. 개는 끊임없이 사람 곁에 머물러있다. 정신의 안정과 심적 에너지가 높은 것을 충분히 표현하고 있다고 생각되었다. 물고기는 틀림없이 무의식에서 얻은 에너지, 생명의 상징일 것이다. 한 가지 더 주목할 것은 하늘이 처음으로 엷지만 푸른색으로 채색되었고, 더구나 구름이 그려진 것이다. 구름은 뜨거운 태양 광선을 부드럽게 해주어 어딘지 모르게 보호

작품27

하는 분위기가 전해지는 듯한 느낌이 들었다. 분명히 심적 에너지를 펴 올려 편안하고 착실하게 현실에 적응하고 있다고 생각했다. 또한 강의 흐름도 조금 굽이치고 있어 이 시점에서는 정신의학적으로도 심리치료적으로도 회복했다고 판단할 수 있다.

처음 진료 후 1년 지난 8월 30일, 다섯 번째 풍성구성법을 실시했다(작품28). G는 이 작품에서 「때때로 한가롭게 고양이와 놀고 있습니다. 전체적으로 여유로움을 느낍니다」, 「고양이가 좋아졌습니다. 이대로 자유로운 것이 좋습니다」라고 말했다.

이 시점에서 환자G와 치료자의 공통된 무의식일체는 치료 관계에만 영향을 미치는 것이 아니라, G 개인의 삶의 방식에도 영향을 미치는 것 같았다. 이제 무의식 단계보다 의식 단계에서 치료관계가 확립

작품28

되어있었다. 그 대신 정신병상태를 억누르고 자아를 지켜나가는 심리치료의 기본이 된 G와 치료자의 공통된 무의식일체는 이제 서서히 필요 없게 될지도 모른다. 그래서 G는 진로를 발병전과 마찬가지로 대학에 진학할지, 발병 후 매우 흥미를 가지게 된 조리사로 정할지 고민하며 필자에게 상담해 왔다. 또 지금까지는 없었던 친구 관계의 즐거움과 충실한 학교생활을 보내게 됐다고 말했다.

이 작품에서 가장 주목했던 것은, 처음으로 강과 길이 교차하고 다리가 그려져 있는 것이다. 이것은 G가 이전에 보인 경직된 성격을 생각하면 고양이를 그리고 그것에 대해 이야기 한다는 것은 획기적인 일이었다. G의 전반적인 행동 뿐만 아니라 정신적으로도 충분한 여유가 느껴졌다. 또한 아르바이트도 이시기에 시작했다.

필자로서는 작품25와 이 작품28이 가장 인상적이었다. 이 작품이 유일하게 강과 길을 교차시켜 표현했기 때문이다. 미야와키[7]가 지적했듯이 자아가 질적으로 재구성되고 변화했다는 의미로 생각되었다. 더구나 다리도 그리고 있다. 이것은 자아와 무의식의 관계가 안정되어 정신병상태가 아니라는 것을 상징화 하고 있는 것일지도 모른다.

또한 고양이의 얼굴이 사람 쪽으로 향해 있음에도 불구하고 그 몸은 반대 방향으로 향해있다. 이것은 고양이가 가지는 양가감정(ambivalence, 역자 주:동일 대상에 대해 상반되는 감정을 동시는 품는 것)을 잘 표현하고 있다고 생각된다. 이것들은 지금까지 표현하지 않았던 양면성을 G가 자기 나름대로 통합하고 있는 것을 표시하고 있다고 볼 수 있다. 고양이는 G가 가진 지금까지 표현되지 않았던 자유스러운 부드러운 성격을 상징화하고 있고 성격의 성장을 나타내고 있다. 나아가 고양이에게는 여성성을 상징하고 있는 것이 많고,

많은 문화권에서 「어둠의 힘」이나 부정적인 이미지와 연결되어 있다[8]. G에게 있어서도 고양이는 지금까지 살릴 수 없었던 반쪽을 상징하고 있을지도 모른다. 그 반쪽을 표현했다고 하는 것은 G의 인격 성장에 있어 대단히 큰 성과라고 말할 수 있다. 이것은 환자와 치료자 사이에서 일어나는 심리적·무의식적 관계가, 치료를 넘어 G의 인격 변용에 관계되는 작업인 것을 나타내고 있다고 말할 수 있으리라.

즉 이 작품을 그린 무렵은 G에게는 자신의 삶을 생각하는 인생의 전환점이 된 시기였을 것으로 생각된다. 발병이라고 하는 인생에 있어 최대의 위기가 신기하게도 발병후의 인생을 자신이 선택하도록 이어진 것이다. G의 인생에 있어 아마 가장 중요한 시기였다고 생각된다. 더욱이 이 그림에서 황록색의 산들, 녹색의 나무들, 두 송이의 빨간 튤립, 그리고 하늘을 향하고 있는 3송이의 해바라기 등, 어느 것을 보더라도 생명력을 느끼게 하는 것이었다. 현실에서는 이시기를 경계로 아르바이트를 시작하고, 지금부터의 진로를 진지하게 생각하기 시작한 때였다.

이 시점에서 환자 G와 치료자의 공통된 무의식일체는, 이제 환자 G 내면에 확실히 뿌리내리고 있다. 즉 치료자의 치료적 영향을 받아 서로간의 협력으로 형성된 공통의 무의식일체는 이제 환자의 마음으로 이동하여 안정되고 확고한 위치를 차지하고 환자 독자의 것이 되었을 것이다. 그래서 환자 G와 치료자의 공통된 무의식일체는 점차 엷어지고 환자와 치료자 사이에서 일어나는 심리적·무의식적 관계도 그 역할이 끝나가고 있다. 이후 면접에서는 현실적인 이야기가 대부분으로 학교생활을 즐겁게 하고 있었다. 필자는 이 풍경구성법(작품28)에서 치료의 과정으로는 일단 끝난 것이 아닐까라고 생각했다. 완전히 병증상이 없어졌고 이번에 발병한 것은 치유되었다고 말해도 좋을 것 같았다. 하늘은 더욱 더 넓어지고, 연하지만 푸른색이 칠해져 있고, 구름도 그려져 있다. 장래의 전망도 나쁘지 않고, 힘들지도 않을 것이라고 기대하고 싶다.

11월 5일, 여섯 번째 풍경구성법(작품29)을 실시했다. 작품29는 강과 길이 평행으로 달리고 두 사람과 두 마리의 개가 있다. 처음에 이 그림은 그의 현재 상황 그 자체라고 생각했다. 그는 대학에 진학할지, 자신이 가고 싶은 길을 선택할지 생각하고 있었다. 면접도 이러한 현실적인 이야기가 대부분이었다. 그러나 다시 한번 그 그림을 보니 개 두 마리가 생생한 약동감으로 필자에게 무엇인가를 강하게 호소하

작품29

고 있었다. 그래서 그가 어떤 길을 선택하더라도 건강한 본능의 힘에 의해 잘 해 나갈 것이라고 확신했다. 그 후 그는 고등학교를 졸업하고, 예전에 양친의 희망 때문에 갈등하고 괴로워했던 대학 진학을 스스로 포기하고, 최종적으로 자신이 뜻하던 길인 조리사가 되기 위해 전문학교에 가기로 결단했다.

또 다른 견해도 가능하다고 생각한다. 그는 인물이나 개에 대해서는 아무 것도 말하지 않았지만, 왼쪽 사람은 모자를 쓰고 있는 남자 같고 오른쪽 사람은 머리가 긴 여자로 보인다. 그렇다면 G 속의 여성성과 남성성이 옆에 나란히 서있는 것이 된다. 이것은 나중의 여성성과 남성성의 결합을 기대할 수 있는 그림일 것이다. 그것은 그가 내면에서 굉장히 크게 성장하고 있음을 시사한다고 생각한다. 이러한 견해를 개에게도 적용해 보면 왼쪽의 꼬리를 쳐들고 있는 개는 수컷이고 오른쪽에 꼬리를 내리고 왼쪽 개를 쳐다보고 있는 개는 암컷으로 보인다. 이것은 그의 본능단계에서도 여성성과 남성성이 나란히 존재하고 있어, 나중의 결합 가능성을 나타내고 있는 듯이 생각된다. 만약 이것이 현실 단계까지 발전해 간다면, 장차 그가 결혼으로 나아가는 것이 아닐까라고 생각되었다. 그 동안은 항상 한 사람이 한 마리의 개를 데리고 있었는데, 이 그림에서만 사람 2명과 개 2마리가 그려져 있다. 역시 이 그림에서는 G의 상대(여성적인 것)에 관해 무엇인가를 그리고 있었을지도 모른다.

산의 색이 황색과 갈색이 압도적으로 많고, 하늘은 펼쳐져있으나 회색이다. 앞의 그림 작품28과 비교하면 확실히 어두운 느낌이다. 그것은 그의 안에 있는 장래에 대한 불안(두 가지 중 하나를 선택하는 것에 관한)과 무의식중에 여성적인 것과의 관계에 대해서 무엇인가를 느끼게 하는 그림인지도 모른다.

12월 16일, 일곱 번째 풍경구성법(작품30)을 실시했다. 이것은 전문학교에 가기 전의 풍경구성법이다. 앞에 실시한 작품29와 비교하면 완전히 그 모양이 바뀌었다. 녹색과 황색이 전체를 덮고 있다. 그런 만큼 밝은 인상을 주고 있다. 사람은 도로 옆에 있고, 개가 도로 한가운데 위치해 있다. 사람은 무엇인가를 기다리고 있는 모습으로 호주머니에 양손을 넣고 있다. 다음에 나아갈 단계를 기다리고 있는 것인지 느긋한 분위기를 느끼게 한다. 집, 사람, 개는 채색이 되어있지 않다. 이번 풍경구성법에서는 G가 그림을 대하는 자세가 조금씩 소홀해지고 있는 듯 했다. G의 마음 심층을 말해온 풍경구성법이 이제 그

작품30

역할을 끝내려고 하고 있는지 모른다. 풍경구성법이 보다 현실에 가까운 내용으로 변해 왔는지도 모른다. 고등학교를 졸업하고 이제 전문학교로 진학하는 일이 가까워졌다.

작품30에서 주목한 것은 하늘과 강이다. 하늘은 푸르렀으나 조금 좁아졌고 구름이 없다. 강은 다음에 상세히 말하겠지만 굽이져있어 좋다. 정신적인 병에 관해서는 작품28로 거의 종료했다고 확신할 수 있었다. 그러나 작품29에서 다른 문제를 제시하고 있는 듯하다. 병에서 해방되어 풍경구성법은 G의 앞으로의 인생에 대해 예상, 불안, 감정을 나타내려고 했는지도 모른다.

처음 진료 후 2년 지난 3월 11일, 여덟 번째 풍경구성법(작품31)을

작품31

실시했다. 무사히 고등학교를 졸업하고 전문학교로 가기 직전 풍경구성법이다. 왼쪽 가까이에 산이 있다. 그러나 오른쪽에는 집, 사람, 개가 있고 아래에는 핑크색 꽃과 논(밭)이 그려져 있다. 강을 경계로 오른쪽과 왼쪽이 다른 세계처럼 보인다. 전체 색채는 앞의 그림과 같이 녹색과 황록색이다. 주목할 것은 사람과 개가 모닥불을 둘러싸고 서있는 것이다. 실제로 그는 불을 사용하는 일에 종사하기 위해, 그것을 공부하려고 전문학교에 진학한 것이다. 불은 지금부터 그에게 매우 중요한 것이 된다. 그것을 분명히 하고 있다고 필자는 생각했다. 불은 융 심리학에서 죽음과 재생을 가져오는 변용된 상징이다. 또 조리 이미지와 밀접한 관계를 가지고 있다.

이와 같이 보면 치료과정도 G의 변용의 과정이라고 말할 수 있지는 않을까. 앞으로 여러 가지 일이 기다리고 있다. G는 그때마다 자신을 조금씩 변용시켜 인생에 적응해 나가지 않으면 안 된다. 이 불을 안전하게 잘 사용해 내적인 변용이 진행되기를 기대하고 싶다. 의외로 불을 사용하는 직업을 선택한 것도, 이러한 것이 언젠가 어디에선가 필요하게 된다고 G가 알고 있었는지도 모른다. 그리고 실제로 조리사의 길을 선택한 것은, 내적인 움직임에 정직하게 따른 결과에서 온 것일지도 모르겠다. 치료과정 중에 환자 G와 치료자의 공통된 무의식 일체는 이제 완전히 환자 마음속에 안정되어 자신의 것으로 동화해 갔다. G 자신은 이 치료에 의해 기른 마음의 힘으로 인생의 변화에 대응할 수 있는 인격의 변용을 되풀이하면서 지금부터의 인생을 살아갈 것이다.

그런데 개가 항상 사람 옆에 존재하고 있는 것은, 뭐라 말할 수 없는 안정감과 자연적인 본능과의 관계를 잘 표현하고 있는 듯해 매우 인상에 남는 구도이다. 또한 이번 그림 과정도 관찰해보니 역시 그의 풍경구성법에 대한 자세는 점점 소홀해져 이제 이 그림방법도 졸업할 때가 되었다고 생각했다. 앞에서 말했듯이 G와 치료자의 공통된 무의식일체는 점차로 엷어지고, 환자와 치료자 사이에 일어나는 심리적·무의식적 관계도 이제 그 기능은 역할을 다해가고 있었다. 그것은 풍경구성법의 치료적 역할과 완전히 똑같고 양쪽이 동시에 그 기능이 끝나가고 있었다.

그런데 이 작품에서 걱정되는 것은 하늘이 없어진 점이다. 작품30과 비교하면 하늘이 한층 좁아지고 거의 그리지 않고 있다. 가까운 장래는 이제 거의 결정되었지만, 먼 장래는 어떻게 되는 것일까 하는 예견이나 전망이 없는 막연한 불안이 있는 것일까. 그러나 사람은 누구나 먼 장래에 대한 예견이나 전망 등은 가질 수 없기 마련이다. 거기까지 지나치게 읽으면 오류를 범할 위험이 있으리라. 그러나 하늘이 그려져 있지 않은 것에는 조금 불안감을 느끼게 한다. 강은 더욱더 굽이져있다.

작품32는 5월 6일에 실시한 아홉 번째 풍경구성법이다. 이것은 전문학교를 다니기 시작하고 몇 개월 후의 것이다. 이것이 그의 마지막 풍경구성법이 되었다. 왼쪽 하단은 넓게 경작되어있다. 오른쪽 상단에는 사람과 개가 걷고 있다.

그것보다도 작품30부터 눈에 띄기 시작한 것이지만, 강이 크게 왼쪽 상단에서 오른쪽 하단으로 더욱 더 굽이져 있는 것이 이 그림의 특징이다. 통상 정신병 범주에 있는 사람은 강을 굽이지게 그리는 일이 적다고 한다. 이것을 G에게 적용시켜 본다면, G는 상당히 안전한 상태가 되어 정신분열병에서 벗어났다고 생각된다. 굽이진 강은 정신분열

작품32

병에서 완전히 증상이 없어진 상징이다. 필자는 그의 무의식이 상당히 안전한 상황이 되었다고 생각했다. 이제 이전과 같은 정신병 상태는 현실적으로 나타나지 않을지도 모른다.

전반적으로는 앞의 그림처럼 녹색과 황록색으로 칠해져 있고, 색채가 선명하고 짙은 점이 좋다. 오른쪽 상단에는 도로 위에 사람과 개가 나란히 위치해있다. 개는 앞다리를 들고 사람을 쳐다보고 있다. 이제 슬슬 행동을 시작하려는 느낌을 받았다. 지금까지 사람과 개에는 거의 채색된 일이 없었지만, 이번은 사람에게는 빨간 셔츠를 입히고 개에게는 황토색을 칠하고 있다. 이번 그림은 짙은 갈색이 많아졌다. 대지의 생명력을 느낀다. 특히 도로가 진한 갈색이어서 강한 인상을 받았다.

단단히 대지에 뿌리를 내리고 살아가겠다는 것을 이 그림이 약속해주고 있다고 기대하게 되었다.

그런데 작품32 역시 하늘이 그려져 있지 않다. 산 정상도 보이지 않는다. 이 전망 없는 모습은 무엇을 의미하는 것일까. 그렇게 불안할 필요는 없을지도 모르지만 신경은 쓰였다.

4월 15일, G는 하숙하면서 조리사 학교에 다니고 있었다. 또한 이 무렵부터 한 달에 한번 외래 진찰을 받았다.

8월 5일, 전문학교에서 친구관계가 넓어진 G는 친구들 집에서 자기도하고 함께 자주 여행하게 되었다. G의 삶의 방식 그 자체가 변화한 듯이 생각되었다.

그 후 그는 전문대학에서 배운 기술을 살릴 직장을 찾아 그곳에 취직했다. 취직 전에 그가 치료를 종결하고 싶다고 희망해왔다. 약은 전문학교에 가기 시작하면서부터는 며칠에 한번 먹는 정도로 극히 소량이었다. 또한 최근 2, 3개월은 복용하지 않았다. 최종적으로 필자는 그의 희망에 동의했다. 그러나 어머니와는 때때로 연락한다는 것을 조건으로 양해를 구했다. 현재 사회로 나간 지 7년 이상 지났지만 건강하게 일하고 있다. 어머니도 그가 발병한 직후 생긴 우울증에서 완전히 회복하여 건강하게 생활하고 있다.

또한 이 병의 사례를 전체적으로 살펴보면, 이 치료 과정은 어느 청년이 내적 변용을 이루기 위한 통과의례를 치른 과정으로도 생각할 수 있다. 필자가 그 과정을 쭉 지켜보고 있었던 것이 그의 치료였다고도 말할 수 있다. 초기의 실수가 있었지만, 그와의 미술치료가 서로의 분열병 콤플렉스에서 적당한 거리를 두고 치료에 임할 수 있도록 도움이 되었다.

또한 치료과정을 풍경구성법에 의해 차분히 관찰하고 치료적으로도 충분한 관계를 할 수 있었던 것은, 치료자가 환자를 지키는 보편적인 부성과 치료자와 환자의 공생관계 또는 환자와 치료자의 공통된 무의식일체를 지탱해준 보편적 모성이 확고했기 때문일 것이다.

◇ ◇

이상 여기까지는 이전에 출판했던 『분열병의 심리요법』(일본평론사, 1998년) 안에서 논했던 내용에 새로운 고찰을 더한 것이다. 그 후 G는 순조롭게 사회생활을 보내고 필자와의 치료관계는 완전히 끝나게 되었다.

그러나 처음 진료 후 10년이 지난 5월에, 약 8년 만에 필자에게 진찰을 받으러 왔다. 혼미에 가까운 상태로 가족에게 이끌려온 것이다. 곧 바로 외래에서 약물치료를 시작했다. 다행스럽게 입원하지 않으면 안 될 상태는 아니었고 어쨌든 외래에서 통원 치료를 할 수 있을 것 같았다. 대화가 거의 불가능한 상태였지만, 혼미에 가까운 상태였으므로 10년 전 정신 상태와는 다르게 경증이라고 판단했다. 그러나 신중하게 치료를 시작했다. 가족의 이야기에 의하면 지금까지는 순조로웠지만 애인과의 관계와 장래의 일로 조금씩 정신적인 소모가 있었다고 한다. 필자는 G와 가족에게 잘 돌아와 주었다고 말하고 지금까지의 일에 대한 수고를 위로했다.

G는 처음에는 거의 말이 없었지만 진찰과 면접을 거듭할 때마다 회복해갔고, 1개월 정도에 대화도 충분히 할 수 있게 되어 대략적인 증상은 없어졌다. 재발이라고 한다면 재발일지도 모르지만, 약물치료에 있어서 처음 발병했을 때의 약물 양에 비하면 이번은 극히 소량으

로 단기간에 회복하고 있었다. 그러므로 처음 치료에 의해 회복한 수준을 완전히 뒤집어엎는 듯한 재발은 아니다. 이것은 풍경구성법을 통한 심리치료가 내타내고 있듯이 작품25에서 28까지의 회복과정이 확실하게 G 자신에게 뿌리내리고 있었으므로, 위험한 상태라 할 만한 재발은 아니라고 짐작할 수 있다. 그리고 G나 가족에게는 필자와의 재회와 치료재개에 의한 안도감도 병의 상태를 더 이상 악화시키지 않고 그것을 최소한으로 머물게 한 것일지도 모른다.

여기서도 환자-치료자 관계의 의식·무의식을 포함한 밀접한 신뢰관계가 좋은 역할을 해준 것이라고 생각하고 있다. 그러나 작품29가 나타내는 또 한사람과의 관계 즉 여성과의 관계에서는 아직 G 나름대로 극복되지 않은 문제가 남아있었는지도 모른다. 결과론적으로 볼 때, 그것이 작품29에 표현된 것이었는지도 모른다. 하지만 가족의 이야기에서 G의 애인과의 관계가 현실적인 면에서 앞으로 중요한 과제가 되고, 그리고 G의 여성성의 문제가 G의 내적인 성장을 더욱더 발전시켜줄 가능성도 있다고 생각했다.

처음 진료 후 10년 지난 6월 7일, 열 번째 풍경구성법(작품33)을 실시했다. 바야흐로 8년 만에 그린 G에 의한 풍경구성법이다. 제일 주목되는 것은 두 사람이 바싹 옆에 붙어있는 점이다. 그 옆에 개 한 마리를 데리고 있다. 역시 커플 문제인가라고 생각했다. 그리고 작품33은 작품29를 계속한 듯이 느껴졌다. G에게 있어서 반려자의 문제는 이 시점에서 (작품33 시점에서)실제적인 문제이다. 작품29시점에서는 아직 실제적인 문제에서 어느 정도 먼 상태였으리라.

그러나 이제 내면에서는 준비되어 있고, 작품29가 그 내면의 상황(여성과의 내적관계)을 나타내고 있다고 생각된다. 한 번 더 작품29를

작품33

관찰해 보면, 이쪽을 등지고 있는 커플은 무엇을 생각하면서 건너편을 보고 있는 것일까. 전체적인 분위기에서 역시 불안했던 것일까? 그러나 생동감 있는 2마리의 개는 좋은 느낌을 주고 있다. G는 실제 문제로 커플의 과제가 드러났을 때, 작품29를 그린 시점에서 이제 내면에서는 예정된 상황으로 되돌아갔는지도 모르겠다. 역시 이 점이 장차 문제가 되리라는 것을 작품29 시점에서 내적으로 그림을 통해 예고하고 있었는지도 모른다[9].

여기서 작품33을 한 번 더 관찰해 보자. 강의 흐름이 오른쪽 위에서 왼쪽 아래로 직선이다. 작품30~32까지 보이던 강의 곡선을 볼 수 없다. 어쩌면 정신병 상태에 극히 가까운 상태였을까? 조금 걱정이다. 2개의 산정상은 볼 수 없다. 오른쪽 산은 녹색으로 채색되고 왼쪽은

작품34

검은색으로 채색하고 있다. 하늘은 푸른색으로 칠해져 있고 구름도 2개 떠있다. 조금 안심할 수 있다. 작품29와 비교하면 어느 정도 분위기도 밝아지고, 녹색이나 푸른색이 눈에 띈다. 그리고 두 사람이 강 건너편에 위치하고 있는 듯하다. 작품29에서 약 9년이 지난 작품33의 시점에서 G의 내면에서는 어떤 진보를 원하고 있었다.

8월 2일, 열한 번째 풍경구성법(작품34)을 실시했다. 이 무렵에는 정신적으로 거의 문제가 없어져, 약물도 하루 한번 복용하고 극히 소량으로 유지하고 있었다. 조금 빠르지만 사회 복귀의 준비를 하고 있었던 시기이다. 강이 굽이져 흐르고 있다. 역시 G에게는 강이 굽이져 흐른다고 하는 것이 정신병 상태에서 벗어나는 것을 의미하는 것은 아닐까. 필자로서는 안심할만한 특징이다. 상징의 수준까지 나타내주고 있는 것처럼 느껴진다.

그리고 커플이 바싹 붙어서 낚시를 하고 있다. 두 사람 분량의 에너지를 무의식에서 건져 올리고 있는 것인지도 모른다. 앞의 작품33과 비교하면 논(밭)의 흙색깔이 갈색에서 황록색으로 변화했다. 꽃에 색이 칠해져있다. 단지 산 두 개가 모두 검은색이고 하늘에 구름이 없어졌다. 작품34의 관점에서 커플의 문제를 포함해서 지금까지의 전망으로서도 좀 더 시간이 필요할지도 모른다.

그런데 8년만의 작품33, 34의 풍경구성법을 보고, 위에서 말했듯이 확고한 근거는 없지만 이것들은 작품29의 연속이라고 생각할 수밖에 없다. G의 내면으로 확실히 도달할 수 있었던 풍경구성법에서의 내면 모습은 작품28까지였던 것일까? 그렇다면 작품29를 경계로 작품30~32까지의 풍경구성법은 G의 정신적인 회복과 어떤 관계가 있을 것인가.

적어도 작품28까지의 전개는, G의 내면 깊이 관계된 그림이고, 환자 G와 치료자와의 무의식일체가 확실히 치유적인 작용을 해주었다고 상상할 수 있다. G의 내면 깊은 무의식 심층에서의 마음의 모습을, 회복과정으로 적어도 작품25~28까지는 그림을 통해 표현할 수 있었다고 생각된다.

즉 풍경구성법에 의해 G는 상당히 깊은 수준에서 확실한 마음의 모습을 그대로 표현할 수 있었으리라. 그것은 몇 번이나 말했듯이 환자와 치료자와의 치료적 공동 작업이 무의식일체에 의해 보다 잘 작용했을 것이다. 그리고 환자가 무의식으로부터의 심층단계에서 그림을 그려낸 것이리라. 표현된 그림이 어느 마음의 층에서 또한 어느 무의식의 단계에서 표현된 것인가 하는 판단이 필요하다고 생각한다.

즉 표현된 그림이 전부 같은 무의식의 층이나 단계를 나타낸다고는 말할 수 없다.

작품30~32까지의 풍경구성법은 작품25~29까지의 풍경구성법과 비교할 때, 표현하고 있는 마음의 층이 달랐을지도 모른다. 그것은 G의 풍경구성법을 구성하는 방법이 달랐을 뿐이라고는 말할 수 없다. 즉 G의 무의식이 자연스럽게 표현하는 단계가 변했기 때문이라고 생각한다. 그것이 작품30~32까지의 풍경구성법으로 좋다는 느낌을 준 것이리라. 아마 무의식에서의 표현을 받아들이는 측의 자아의 한계 때문이리라. 이 이상은 장래의 자아성장과 자아강도의 발전에 의한 과제라고 무의식이 판단했을지도 모른다. 그렇기 때문에 작품30~32까지의 풍경구성법에 머물러 있었는지도 모르겠다. 그러나 작품30~32까지의 풍경구성법이 의미가 없다고는 말할 수 없다. 강이 굽이져있는 그 시점에서의 정신 상태를 잘 전해주었다고 생각한다. 다만 작품 33, 34를 보면 강의 굽이진 것은 본래 상태로 돌이킬 수 있고 어떤 상황에서 곧바로 변할 가능성이 있다. 잠재적인 정신병상태는 이전과 같이 남아있다고 말할 수 있다. 그러나 이것은 누구에게라도 가능성 있는 일이라고 말할 수 있으리라.

내적인 단계에서 인간으로서 극복할 문제는 항상 존재하고, 몇 년이 걸리더라도 그 문제가 극복될 수 있으리라고 기대하는 것을 느낄 수 있다. 그 문제는 정신적인 병을 동반할 수도 있지만 본질적으로는 그 사람의 내적 성장이 가장 중요한 것이다. 융이 말하는 개성화의 과정에서도 그것이 언제 누구에게서 시작되는지는 알지 못한다.

그러나 조금씩 조금씩 내적 성장이 이루어지는 것을 무엇보다 내면이 요구하고 있고, 그 과정을 자각해서 의식과 무의식이 서로 협력함으로써 개성화의 과정이 의미 있는 인생을 살아가도록 한다. 이 과정에서 비록 병을 얻을 수도 있지만 개성화의 과정을 진행하는 요구 또는 경향은 무의식에서 계속 일어나게 될 것이다.

G는 최초 마음의 병에서 청년이 어른으로 되면서 내적 변용을 이루기 위한 통과 의례(initiation)를 행하고 있다고 말했지만, 이번 상황에서는 내면의 여성성을 획득하고 그것을 현실에서 성취하는 과정에서 다시 치료자 앞에 나타났는지도 모르겠다. 그렇다면 이번에도 그것을 달성하는 것을 끝까지 지켜보면서 언제까지라도 치료자의 임무를 다하고 싶다는 생각이다.

3. 풍경구성법상의 큰 변화에 대한 고찰

이전에 말한 적이 있지만 일반적으로 풍경구성법은 오랜 세월이 지난 후에도 그다지 큰 변화를 나타내는 일이 없다. 그러나 한 주간, 일 개월 간의 단위로 극적인 변화를 보이는 경우가 있다. 필자가 알고 있는 한에서는 분열병에서 회복해가는 과정에서의 풍경구성법의 변화가 그것이다. 통상적으로 인간의 마음은 그다지 극적인 변화를 가져올 수 없는 것이다. 또 그것이 보통이다.

심리임상의 세계에서, 예를 들면 풍경구성법을 통해 보는 마음의 세계는 역시 특이하고 그런 만큼 극적인 변화나 위험을 동반하는 세계이다. 조금 전에 말했듯이 분열병의 회복과정에서의 마음의 변화는 극적이고, 물론 발병하기 전후의 마음의 변화도 예사롭지 않은 상태에 빠지는 것은 상상하기 쉽다. 이러한 의미에서 마음의 변화를 하나의 시점으로 관찰하고 이해하는 수단으로서 풍경구성법을 심리치료에 활용할 수 있다. 특히 풍경구성법을 치료과정 속에서 종단적으로 실시하여, 관찰 • 관여하는 것이 중요하다. 지금부터 사례를 들어 큰 변화가 있었던 그림에 대해 고찰해 본다.

[사례7]

H, 남성, 17세(처음 진료 시)

주된 증상 : 환각(주로 환청). 망상 상태, 흥분

진단 : 정신분열병

생육사 :

두 살 위인 형과 어머니 세 식구였다. 4년 전에 아버지가 돌아가시고 아버지 대신에 의지하던 숙부도 말기 암으로 생명이 얼마 남지 않은 상태였다. 학교에서나 직장에서나 자주 괴롭힘을 당한 듯했다. 「중학교 때는 자주 괴롭힘 당했다. 폭력이 아닌 말로 당했다. 직장에서도 바보 취급받은 적이 많았다」 고 말하고 있다. 성격은 어릴 때부터 얌전하고 성실하고 내향적이었다. H는 어릴 때 시소에 손이 끼여 손가락에 큰 상처를 입어 이 상처에 매우 신경 쓴 적이 있었다.

현재 병력 :

집 사정에 의해 중학교를 졸업함과 동시에 취직했다. 그런데 순조롭지 못하여 일 년 남짓 집에서 두문불출하며 생활했다. 몇 개월 후 갑자기 어머니에게 「무언가 말했지? 무슨 소리가 들린다. 누군가 싸움하고 있다. 둥둥하는 소리가 들린다」 라고 말하기 시작했다. 눈을 한 곳에 고정하고 무엇인가를 가만히 듣고 있는 모양으로 있다가, 갑자기 획 뒤를 돌아보거나 갑자기 난폭하게 옷깃을 갈기갈기 찢었다.

또한 화장실 문을 열었다가 닫았다가하여 부수기도하고 물건을 부수는 일도 많아졌다. 대체로 자폐적이며 목욕은 거의 하지 않는 생활을 보내고 있었다. 그러던 중 환청이 나타나게 되었다.

어느 날 갑자기 혼자서 록키라는 영화를 보러 갔다가 집에 돌아온 후부터 갑자기 난폭하게 날뛰어 필자가 근무하는 병원에 긴급 입원하였다. 입원 후 진정제 주사로 안정을 되찾고 대화는 충분히 나눌 수 있게 되었다. 처음 면접에서는 「화가 나면 물건에다 대고 무턱대고 분풀이를 해요. 그러면 기분이 좋아집니다」, 「록키를 보고 생각이 바뀌었어요. 인간은 어떠한 일이 있더라도 앞으로 나아가지 않으면 안 된다고 생각했어요」, 「여기서 나가도 이 전과 같은 일은 없을 것이라고 생각합니다. 동창회도 있고 빨리 돌아가고 싶습니다. 지금 돌아갈 수 없습니까. 여기에 있으니 숨이 막힐 것 같아서, 좋아지면 돌아가게 해 주세요」라고 강하게 호소했다.

매번 면접 때마다 H는 퇴원을 요구했지만, 설득으로 일단 입원은 납득하게 되었다. 이 무렵에는 H의 병적 체험에 대해서 거의 상세한 것은 알지 못했다. 필자가 질문하지 않았던 것도 있지만, 아직 충분히 안심하고 물을 수 있을 정도로 H와의 치료관계가 이루어지지 않았다. 면접을 할 때에나 같이 외출할 때에도, H는 불안하고 긴장이 심하고 맥박이 급하게 올라가는 등의 신체적 반응을 자주 일으키고 있었다.

H는 원래 집과의 유대관계가 약해서, 입원함으로 해서 한층 더 관계가 약해져서 끊어져버리는 것은 아닌가, 이제 퇴원할 수 없는 것은 아닌가 하는 불안이 항상 있었으므로, 퇴원요구도 더 강하게 했다고 생각된다. 또한 H는 아버지가 먼저 세상을 떠나고 의지하고 있었던 숙부도 암으로 쓰러진 것에서, 한꺼번에 정신적으로 압박을 받아 자신

은 강하지 않으면 안 된다는 생각이 H가 병 증상을 나타나게 한 결과가 되었다. H에게 있어서 아버지라는 존재가 이때 완전히 사라졌던 것이다. H의 상황은 절박한 긴박감이 있었던 것 같고, 입원 후에도 내내 퇴원요구를 계속했다. H는 필자와의 면접에서 오로지 퇴원 요구만 반복해서 할 뿐이었다. 그럴 때마다 필자는 지금 퇴원은 무리라고 강하게 H를 설득했다.

그러나 H는 점점 불만이 커지고 필자에게 더 강하고 집요하게 호소하게 되었다. 필자는 그 호소에 호응하듯이 완고하게 입원치료의 필요성을 계속 이야기했다. 서로 간에 적극적으로 상대의 말에 타협점을 찾으려 했다. 이 관계는 H에게 치료적인 효과를 미치도록 하는 듯했다. 왜냐하면 내면에서는 이제 누구도 의지할 수 있는 사람이 존재하지 않았기 때문에, 마음 깊이 마주대해 줄 수 있는 사람(치료자)이 항상 존재하고 있다는 것이 H로서는 얼마나 내면에서 도움 되는지 모를 정도로 중요했다고 생각된다.

입원치료 초기 무렵은 치료관계가 충분히 신뢰할만한 정도는 아니었지만, 서서히 그 싹은 자라나고 있었던 것 같다. 그러므로 개인적인 신뢰관계와 치료관계를 뛰어 넘는 강인한 보편적인 부성과 보편적인 모성을 동반한 무의식일체 단계에서의 치료관계가 H와의 사이에서 필요한 것이라고 생각했다. 이것은 철저히 바로 곁에서 보호해주는 보편적 모성과 H에게 불이익이 되지 않도록 대응하는 완고하고 흔들림 없는 결정을 가진 보편적 부성이다.

입원 후 1개월 지난 **년 8월 4일, 조금 안정되었으므로 첫 번째 풍경구성법(작품35)을 실시해 보았다. H는 이 그림에 대해 한마디도 말하지 않았다. 그러나 필자는 이 그림을 보고 그저 놀라울 뿐이었다.

작품35

거기에는 험악한 산들과 두 줄기 강, 그리고 하늘과 구름뿐이었다. 뭐라고 말할 수 없는 고독감, 외로움, 엄격함, 두려움 등으로 인해 치료자 본인으로서도 소리조차 낼 수 없었다. 산들은 채색이 전혀 되어있지 않고, 마치 얼음에 갇혀 있듯이 보였다. H의 내면이 이 정도로 냉엄한가 하고 매우 놀랐다. 역시 지금까지 언어적인 면접을 했을 때는 도저히 느낄 수 없는 체험을 이 그림을 통해 H와 함께 할 수 있었다.

이 면접은 그 후 필자에게 있어서 치료적 관계에 대해 큰 변화를 가져오게 했다. H의 괴로움과 고독감은 너무나 큰 것이었고, H에 대해 더 깊은 공감과 감수성을 가지게 되었다. 그것은 이쪽에서 치료적 관계의 질을 향상시킨 것이다. H는 이 그림에 대해 아무것도 말하지 않았지만, 다 그린 후 필자와 나란히 한참동안 가만히 이 그림을 바라보았다. 이는 확실히 H에게 무엇인가를 전해주었음에 틀림없었다. 예상대로 풍경구성법은 필자를 참으로 많이 도와주었다. 이 최초의 풍경구성법이 필자에게 H에 대해 얼마나 깊이 이해할 수 있게 해주었던가.

이 그림을 그리고 얼마 후 다음과 같은 일이 일어났다. 깊은 밤에 H가 갑자기 잠이 깨었을 때 간호사가 알아채고 H옆에 같이 있어 준 적이 있었다. 그때 H는 「외로워요. 정말 외로워요」라고 그 간호사에게 말했다. 이 말을 들은 간호사는 H가 잠들 때까지 H 옆에 있어 줄 것을 약속했다. H는 그 후 몇 분내 잠이 들었다.

H는 자신이 정말 외롭다는 것을 알아채고, 이것을 신뢰할 수 있는 다른 사람에게 말할 수 있었다. 아마 처음으로 마음 밑바닥에서 올라오는 외로움을 호소할 수 있었으리라. 이것은 진정한 치유가 되었고 치료에 큰 진전을 보였다.

필자는 H가 작품35를 그릴 수 있었던 시점에서 이미 그 준비를 할 수 있게 된 것은 아닐까라고 생각한다. 이것은 작품35의 그림에 의해 비로소 H가 다른 사람과의 관계에서 신뢰감을 마음 속 깊은 곳에서 무의식일체의 단계까지 가질 수 있었다는 것, 그리고 간호사와의 관계에서 영향력 있는 보호를 받아 H 속에서 사람과의 신뢰관계를 확립할 수 있었던 일로, 아마도 처음으로 다른 사람에게 자기 마음 깊은 곳의 본심을 전할 수 있었던 것이리라. 이것이 진실한 커뮤니케이션이다. 자신과 다른 사람과의 공통된 무의식일체에서 생겨나는 커뮤니케이션일수록 큰 치료효과를 가지고 온다.

또한 산 부분에서 알아낸 것으로 도화지 중앙 부근에 있는 산 정상의 형태가 3개로 둥글게 되어있다. 그리고 그 사이에서 두 줄기의 강이 흐르고 있다. 이 그림은 주위 산들의 험준함에 비해 부드러운 인상을 가져다주고 강도 흐르게 한다. 하늘에는 구름을 그리고 흰색으로 칠하고 있다. 회복의 가능성을 전해 주는 이미지라 할 수 있다.

작품36은 8월 26일에 그려진 두 번째 풍경구성법이다. 작품35와 비교하면 상당히 변화하고 있다. 풍경구성법상에서 이러한 큰 변화는 H 마음의 변화를 나타내고, 치료적인 효과를 나타내주는 것이다. 작품36에 대해서 말해 보면, 지금까지 큰 바위 산에 갇혀 그 속에 숨겨져 있었던 H의 내적 세계가, 한 가운데 있는 큰 바위 산이 열리면서

작품36

이 세계가 비로소 나타난 듯이 보였다. 작품36은 확실하게 치료에 의해 H의 내면세계가 비로소 얼굴을 내밀어도 좋다고 판단하게 되어 출현한 듯 했다. 그리고 지금까지 H와의 관계가 충분히 H의 마음에 전해져 깊은 공감을 할 수 있었던 것을 증명해 준 것처럼 느껴졌다.

사람은 그리지 않았지만 집, 나무, 꽃, 3마리의 고추잠자리가 인상적으로 각각 그려져 있고 채색도 전체적으로 되어있다. 양측의 험한 산 사이에서 집 3채가 보인다. 지금 H의 가족인 어머니, 형, 본인인 것 같다. 양측의 험한 산이 아직 근경인 것과 강이 흘러가는 기세에 주의해 둘 필요가 있다. 그러나 그림중심에 위치하고 있는 3채의 집과 빨간 고추잠자리는 확실히 H의 회복을 약속하고 있는 이미지라 할 수 있다.

집은 H의 평온함과 안정의 장소가 될 가능성을 갖고 있다. 고추잠자리는 간신히 해방되려하고 있는 H의 영혼의 상징이 아닐까. 잠자리는 이 세상과 피안의 세계를 왕래하는 생물이다. 그리고 피안의 세계에서 잠자리는 피안으로부터 죽은 자의 영혼을 이 세상에 일시적으로 옮겨준다고 말해지고 있다. H의 풍경구성법상의 고추잠자리도 어떤 장소에서 다른 장소로 그의 영혼을 옮겨 주었는지도 모른다. 그것은 H가 병적인 세계에서 이쪽 현실의 세계로 되돌아온 것을 나타내 준 것인지도 모른다. 이제 조금 자유로워졌지만 아직 어디로 날아가고 있는지 모르는 불안한 마음도 느끼게 한다. 고추잠자리는 그의 소년시절을 불러일으키는 듯하지만, 그의 어린 시절의 괴로움을 해방시키듯 영혼이 그림을 통해 지금까지의 고뇌의 해방을 이들 고추잠자리에 의탁하고 싶은 마음인지도 모른다.

스잔 바하도 그림에 있어서 잠자리에 대해 그 상징적 의미를 말하고 있다. 그녀는 「일본에는 『정령 잠자리』, 즉 죽은 자의 잠자리라고 불리는 종류가 있다. 서양에서는 나비가 그렇듯이, 일본에서는 잠자리가 영혼을 상징한다. 조상의 소중한 영혼은 매년 백중이 되면 자손의 집을 방문하여 살아있는 사람들을 도와주고 번영하게 하는데, 정령 잠자리는 이러한 영혼을 실어 나른다」고 말하고 있다[10]. 그리고 그녀는 자신이 관찰했던 회복기 소년의 그림에 빨간 날개의 잠자리가 그려져 있는 것을 첨가하고 있다. 3마리의 고추잠자리는 H뿐만 아니라 그의 어머니와 형에게도 치유를 가져다줄지도 모른다. 그는 이 그림을 그린 후 매우 만족하였다. 작품36은 H의 회복 징후를 나타내주고 있다고 판단할 수 있다.

그다음 날 그에게서 「친구와 영화를 볼 약속을 했으므로 지금 외출시켜 주세요」라고 말해서 「어느 친구?」라고 묻자, 「지금 그 친구에게 전화할께요」하고 말하면서 전화하고는 「통화가 안 돼요. 내가 또 속았나?」라고 몇 번이나 말하고 골똘히 생각했다. 이 일에 대해 질문하자 「어제 친구가 영화 보러 가자고 말 했어요」, 「어렴풋이 들려와요」, 「일을 그만 두고 얼마 되지 않아서부터 저절로 들려왔어요. 그 소리는 친구 목소리로 매우 조리에 맞지 않고 심하게 불평하는 소리였지요. 지금은 그것도 적어지고 좋은 말도 해줘요」하며, 처음으로 환청에 대해 이야기 해 주었다.

이 그림을 그린 다음날 H는 필자에게 처음으로 환청내용을 스스로 말해 주었다. 이것은 신뢰관계가 더욱더 발전했다는 것을 나타낸다고 생각한다. 스스로 환청 내용을 필자에게 말하고 병에 대한 인식을 충분히 가질 수 있게 되었다. 면접 장면에서도 언어적인 관계가 훨씬 많아지게 되었다.

이후 H는 회복해 갔다. 앞에서도 말했듯이 여러 가지 요인이 H에게 치료적으로 작용했다고 생각한다. 그 결과는 작품35에서 작품36으로의 변화가 분명히 말하고 있다. 풍경구성법에 의지하지 않더라도 결과는 같았을지도 모른다. 그러나 치료자로서 작품35에서 36으로의 변화는 큰 의미가 있다. 그것은 치료자에게 이 치료를 통한 반응을 확실히 느끼게 해주었고 격려까지 받았기 때문이다.

다음의 사례는 풍경구성법상에서의 큰 변화가 여러 차례 일어나고 있다. 그 큰 변화가 병증상의 개선과 호응하고 있다는 것을 잘 알 수 있다. 풍경구성법상에서의 큰 변화에는 여러 가지 패턴이 있다. 이 사례의 풍경구성법상의 변화를 자세하게 살펴보고자 한다.

[사례8]

I, 여성, 33세 (처음 진료 시)

진단 : 정신분열병

주된 증상 : 환각망상상태(생각 엿보는 귀신이 머리에 들어와, 자신의 생각을 전부 뽑아내 밖으로 전한다고 하면서, 이 생각 엿보는 귀신이 자신의 모든 것을 조종하고 있다고 말함)

생육사 및 현재 병력 :

초등학교 5학년 때, 부모가 이혼하고 어머니에게 맡겨진 이후 학교를 가지 않는 상태가 계속되고 있었다. 거의 집에 틀어박혀 지내고 가끔 외출했다. 그러나 8년 전에 지금 주소지로 이사 와서 집에 틀어박혀 지내는 것이 심해지고 그 무렵부터 가족과도 교류가 적어졌다. 때때로 물건을 던지거나, 부수거나하는 난폭한 행동도 하게 되었다.

2년 정도 전부터 가업의 일을 시작해서 열심히 했으나, 불경기로 가게를 닫게 되어 다시 집에 틀어박혀 지내게 되었다. 난폭한 행동이 다시 심해지고 「생각 엿보기 귀신이 머리에 들어와, 자신의 생각을 전부 뽑아내 밖으로 전한다」고 호소하게 되었다. 그것을 가족에게 강하게 호소하기 위해, 칼로 팔을 깊게 찔러 피가 나게 하고 그 피를 방의 벽에 칠해 자신의 괴로움을 호소하는 행동을 반복했다.

최근에는 자신을 함정에 빠뜨리고 있는 친구와 작은 언니가 관계하고 있다고 호소하게 되어, 더 이상 I를 집에 둘 수 없어 필자가 근무하는 병원으로 데리고 오게 되었다. 형제는 언니가 2명으로, 큰 언니는 벌써 결혼했고 현재는 작은 언니와 어머니와 세 사람이 살고 있다.

처음에 가족 특히 어머니와 사전에 만나서, 언제 환자를 병원으로 데리고 올 것인지 서로 이야기 했다. 최근 집에서 난폭해지는 일이 많아지고 자신의 건강 상태가 나쁘다는 것도 이해하지 못했으므로, I는 가족과 서로 이야기하거나 설득에 응할 태도가 전혀 없었다. 따라서 환자를 강제로 데리고 오지 않으면 안 될 것으로 예상했다. 치료에 대해 환자의 납득을 얻는 것은 무엇보다 중요하다. 이 경우 강제적으로 입원시키지 않으면 안 되는 사태를 예상하는 것만으로도 치료 관계를 맺는 일이 어려울 것이라는 각오를 했다.

치료경과 :

**년 4월 6일, 가족과 함께 병원에 왔다. 가족이나 친척 등 여러 사람이 병원에 갈 것을 말했으므로 차에 함께 타고 저항하는 일 없이 왔다. 외래 진찰실에 들어왔을 때에는 조용히 고개를 숙인 채였다. 이쪽의 질문에는 거의 대답하지 않고 고개를 끄떡거릴 뿐이었다. 필자는 I가 상당히 저항할 것으로 생각했기 때문에, 예상 밖으로 얌전했으므로 의외라고 생각했다. 그리고 마지막으로 체념한 듯이 입원할 것을 설득하자 동의하고 입원 치료를 받게 되었다.

입원한 날 저녁, 필자는 I의 모습을 보기 위해 그녀가 입원한 병동으로 갔다. I는 병실에 들어가서도 얌전히 있었다. 그래서 면접을 했다. 그때 I는 「1, 2년 전에 라디오에서 자신의 생각을 직접 이야기하고 있는 것을 듣고 모든 것을 이해하게 되었다」 라고 말했다. 즉 「자신의 생각을 전부 뽑아내서 밖으로 전해 버리는」 엿보기 귀신의 정체를 이 체험에서 확신하게 되었던 것이다. 이러한 망상이 깊게 뿌리내리고 이에 의해 행동했다는 것을 이해할 수 있었다.

4월 9일, I는 「여기에 온 이후 내 생각을 빼앗기지 않게 되었습니다. 그러나 또 생각을 빼앗기는 일이 있지 않을까하고 생각하니 두렵습니다. 아직 안심할 수 없습니다. 저 이외 모든 사람이 그룹이 되어 저를 함정에 빠뜨리지는 않을까라고 생각합니다」 라고 말했다. 자폐적이고 사람과의 신뢰관계를 맺을 수 없는 I로서는 온 세상이 불신으로 꽉 차 있는 듯했다. 그러나 확실했던 망상인 병적 체험이 표면에서 사라졌다. 그리고 I에게 있어서 불신으로 가득 찬 세상 속에서 치료관계를 구축하기 위해 언어적인 면접이 초기 단계에서는 한계가 있다는 것을 필자는 확신하고 있었다.

그래도 I에게 입원 치료를 시작한 것과 서로 신뢰관계를 밀접하게 하는 것이 치료에서 필요했으므로 한 주간에 4회 면접을 계속했다. I가 피곤하지 않는 범위 내에서 면접 시간은 평균 30분으로 실시했다. 또한 언어적인 면접은 30분이 한계이고, 거의 침묵으로 일관했다. 더 이상의 면접은 I에게 그다지 효과 있다고 생각할 수 없었으므로 투약도 했다.

I는 조금씩 필자와의 관계에 익숙해졌는지 면접 도중에 드문드문 필자와 이야기하게 되었다. 또한 어머니와의 면회에서도 지금까지와는 다르게 대화를 충분히 할 수 있게 되었다. 이 변화에 어머니는 놀라워했다. 병원 생활도 외면적으로는 얌전하게 입원생활을 했다.

I는 원래부터 대화가 서투른 모양이었다. 그래서 필자는 I가 언어적인 것보다도 비언어적인 관계가 더 낫다고 생각했고, 그림에 의해 I의 내적 세계를 한층 더 잘 알 목적과, 그리고 입원 초보다 훨씬 안정되어 있어, 두드러졌던 망상과 같은 병적체험이 사라지고 있는 것을 고려해 I에게 4월 23일 첫 번째 풍경구성법(작품37)을 실시했다.

필자가 이 풍경구성법을 입원하고 얼마 되지 않아 I에게 실시했던

작품37

또 하나의 큰 동기는, 그녀와의 치료적 신뢰관계가 잘 이루어지지 않는다고 느꼈기 때문이다. I는 무리하게 반 강제적으로 입원하게 되었다. I와 필자와의 이대로의 언어적 면접에서는 치료적 관계가 깊어지지 않을 것이라는 것을 알았다. 그러므로 I가 치료에 적극적으로 참가하는 것은 어려운 일이라는 것을 상상할 수 있었다. 또한 I의 언어나 행동만으로 병의 증상을 이해하고 치료에 활용한다는 것에 필자는 불안과 불신을 갖고 있었다. 표면적으로가 아니라 무언가 의식하지는 못하지만 좀 더 확실하게 I와 연결되어 치료하는 느낌을 가지고 싶었다. 이러한 상황에서 병 증상의 파악을 위해 또 치료적으로 관계하기 위해 풍경구성법을 실시한 것이다.

그림을 그릴 때 I는 보통 때와는 다른 느긋한 모습이었다. 그녀에게서 나타나는 이 기분 좋은 분위기는 필자로서는 충분히 받아들일 수 있는 것이었다. 이 그림 그릴 때의 분위기는 언어적인 면접에서는 느낄 수 없었던 친밀한 것이었다. I는 평소의 면접에서는 나타내지 않았던 자신의 삶을 그림 속에서 나타냈을 것이다. 필자는 이러한 I와 충분히 관계할 수 있었으므로 I가 그리는 세계에 집중해서 관찰하고 공감하는 것이 비로소 가능하게 되었다고 느꼈다.

이때의 공감은 I와 치료자의 공통된 무의식일체가 성립된 것에서 생겨났으리라. 이와 같이 I와의 치료에 있어서 풍경구성법이 달성한 의의는 큰 것이었다.

작품37은 여러 가지 점에서 이상하게 보인다. 강으로 그리고 있지만 중앙부분이 한참 치솟아 올라 그다지 흐름이 느껴지지 않는다. 그리고 산 정상에서 태양을 등지고 있는 사람이 강으로 실을 드리워 낚시를 하고 있는 것처럼 그리고 있다. 역시 평범한 풍경구성이 아닌 이상한 느낌을 주고 있다. 특히 왼쪽에 위치하고 있는 나무는 줄기와 가지가 새빨갛게 칠해져 있다. 이 풍경구성법에서는 아직 I의 병적체험은 충분히 진정되지 않고 있음을 엿볼 수 있다. 심각한 병 증상이었지만 입원으로 표면적으로는 망상이 없어졌다고 말할 수 있는 상태였다. 아직 내면에서는 정신병에 의한 영향이 상당히 컸다. 그러한 내적인 상황에서 얼핏 보면 이상하게 보이는 풍경구성법일런지는 모르지만, 이것만이라도 그릴 수 있는 I의 내적인 힘에 필자는 놀라움과 기쁨을 느꼈다. 또한 I를 치료하는 자신감이 높아졌다. 그리고 I와 필자와의 무의식일체는 처음으로 치료자의 공감을 갖게 해줌과 동시에 작품37을 만들어 낼 수 있게 해주었다.

다음 풍경구성법을 5월 31일에 실시했다. 이것이 두 번째 풍경구성

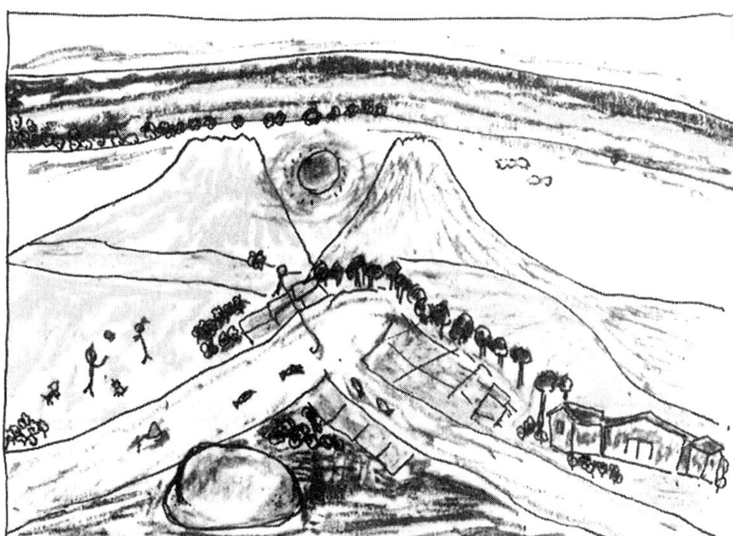

작품38

법(작품38)이다. 지난번 그림에 비하면 전체적으로 상당히 안정된 풍경으로 변화하고 있다. 이상한 분위기는 없어졌다. 아직 강의 중앙 부분이 일그러진 점은 남아있지만 자연스러운 강의 모습에 가깝다. 작품37에서 본 이상한 새빨간 나무는 지극히 평범한 녹색의 나무들로 변화해 있다. 사람에 관해서도, 길 위에서 낚시를 하고 있는 사람이 있고 왼쪽에서는 두 사람이 캐치볼을 하고 있다. 사람의 모습도 상당히 안정되었다. 약 1개월 지난 풍경구성법을 보더라도 I의 병 증상은 상당히 개선되고 있는 것을 확실히 알 수 있었다.

그 후 풍경구성법을 계속했지만, 7월 9일에 실시한 네 번째 풍경구성법(작품39)과 7월 27일에 실시한 다섯 번째 풍경구성법(작품40) 사이에 매우 흥미로운 변화가 있었다. 우선 작품39에서 한층 더 안정감이 느껴진다. 앞의 작품38에서부터 2개월이 지났는데, 많이 개선된 것처럼 보인다. 강이 자연스럽게 흐르고 있고, 다리도 놓여 있다. 넓지는 않지만 하늘도 그리고 있고 구름도 걸려 있다. 이 풍경 상황은 그 전의 강에서 두 사람이 낚시를 끝내고 안쪽을 향해가고 있다. 아마 이 두 사람은 안쪽에 위치한 산을 넘어 건너편에 집이 나란히 있는 거리로 되돌아가려고 하는 것이리라. I의 내적인 세계는 바로 앞에 위치하고 있다는 것을 알 수 있다.

한편 작품40에서는 그 두 사람이 산을 넘어, 거리로 왔다. 이것은 되돌아왔다고 하는 쪽이 적절할지도 모르겠다. 작품39에서는 거리가 아득한 저쪽에 위치하고 있었지만, 작품40에서는 그 거리가 훨씬 더 가까운 곳인 바로 앞에 그려져 있다. 즉 작품39에서 작품40으로의 큰 변화는 구도가 완전히 거꾸로 되어있는 것이다. 이것이야말로 도화지의 겉과 속을 거꾸로 한 것처럼 구도가 역전된 것이다. 작품39에서

작품39

작품40

I에게 무엇보다도 먼 세계였던 거리가, 작품40에서는 무엇보다도 가까운 바로 앞의 장소로 그리고 있다.

풍경구성법을 통한 이런 발전은 I의 병적 증상에도 큰 변화를 가져온 것으로도 생각된다. 필자는 I의 정신세계가 병적인 세계(광기의 세계라고 말할 수 있을지도 모른다)에서 이쪽 세계라고 말 할 수 있는 정상의 세계로 옮긴 것은 아닐까 여겨질 정도로 변했다고 생각된다. 확실히 I의 망상적인 호소는 없어지고 있었다. 또한 어머니와 자주 외출할 수도 있게 되었다.

8월 24일, 여섯 번째 풍경구성법(작품41)을 실시했다. 같은 사람이 그린 것일까 하고 순간 의심이 들 정도로 극적인 변화이다. 모든 풍경

작품41

이 변화했다. 우선 지금까지 풍경과 다르게 가까운 풍경이다. 하나하나의 항목이 확실히 그려져 있고 색채도 짙다. 인물상이 이전처럼 막대기 형태가 아니다. 옷도 입고 있고 두께가 있는 본래의 사람 모양을 하고 있다. 개도 약동감이 있고 표정이 살아있다. 동물적 또는 본능적인 에너지를 느끼게 한다. 집 모양도 튼튼하다. 가까운 풍경이 가지는 나쁜 전망에 대해서는 아직 약간의 불안이 남아있지만, 이제 어느 정도 증상이 없어지고 겉보기에도 나은 것처럼 보인다고 말 할 수 있다.

작품39에서 작품40으로 구도가 역전되는 변화가 작품41에 연결되는 것은 아닐까. 작품39에서 작품40에 이르는 가장 큰 변화는, I 내면

작품42

에서의 회복을 미리 표현하고 있고 작품41에서 그 성과를 증명한 것은 아닐까하고 추측할 수 있다. 그 후 I는 순조롭게 입원 생활과 외박을 번갈아가면서 했고 그 해 10월에 퇴원해서 나갔다.

처음 진료 후 1년 지난 1월 14일, 외래에서 풍경구성법(작품42)을 실시했다. 이 무렵에는 일상생활도 충분히 안정되고 쇼핑이나 가사일, 요리를 도와주게 되었다. 풍경구성법은 작품41과 거의 같은 구도이다. 가까운 풍경그림으로 각 항목은 윤곽이 분명하고, 색채도 힘이 있고 진하다.

그런데 4송이 튤립의 모습이 강물에 비치고 있는 것을 그리고 있다. 튤립의 모습을 일부러 거울에 비치게 한 것처럼 반영시킨 점을 그 리고 있다. 상당히 세밀한 부분까지 묘사했다. 겨우 일 년 남짓 지난 사람이 이 정도로 변화를 가져 올 수도 있다. 그것보다 I가 회복한 것에 중점을 두어야한다. 병적 체험에서 벗어나 보통의 생활로 되돌아 온 것에 이 치료의 의미가 있다. 그리고 그 회복과정을 풍경구성법상의 변화를 보면서 확인할 수 있었던 것도, 심리임상에 있어서 의미가 있다고 생각한다. 또 지금까지 I의 치료경과를 돌이켜보면 지금도 언어적 접근보다 풍경구성법에 의한 비언어적 접근이 치료적이고 적합하다고 생각한다. 특히 이 사례는 이런 생각이 더 강하게 든다. 그림을 통해 I와 필자와의 무의식일체가 용케 치료적 기능을 해준 예라고 생각할 수 있지만, 또 하나는 필자로서는 언어적 면접이 치료적으로 작용한다고 생각할 수 없었던 만큼 이런 생각이 강하게 든다.

일반적으로 그림을 통해서 심리치료를 한다고 하지만, 그림은 그린 사람의 마음을 표현하는 것이다. 그러나 어디까지나 그림은 마음을 표현하기 위한 하나의 창일 수밖에 없다. 그렇기 때문에 반드시 한계가 있고, 또 그린 사람 마음의 어느 수준을 표현하고 있는가에서 같은 사람이 그린 그림이라도 다르게 그려지는 것이다. 말하자면 환자와 치료자와의 일대일 게임과 같이 그때그때 상황에 따라 결정하고 결과는 운에 맡기는 것과 같은 면이 있다. 따라서 그림을 설명서에 따라 진단하거나, 치료효과에 직접적인 도움이 되도록 한다는 것은 상당한 어려움이 있다.

풍경구성법의 경우 바움테스트와 같이 단순한 것이 아니어서 판단이 어렵다. 그러나 풍경전체에 묘사된 그 모습은 확실히 그린 사람 마음의 한 면을 표현하고 있다고 생각한다. 그 모습이 크게 변화하고, 극적으로 변화하고, 구조・구성・구도적으로 변화하는 것은 마음의 변화를 확실히 전하고 있는 것이다. 임상장면에서는 작은 일일지도 모르겠지만 그것이 회복이나 마음의 미묘한 변화를 가르쳐주는 것이라면 필자에게 풍경구성법은 매우 고맙고 마음 든든한 아군이 아닐 수 없다.

주1) 분열병 발병에 강하게 영향을 미치는 사람의 내면에서 발생하는 콤플렉스(심리적 복합체)를 말한다. 여러 가지 콤플렉스가 핵심이 되는 분열병 원형에 모여서 하나의 분열병 콤플렉스를 형성한다. 여러 가지 콤플렉스라는 것은 예를 들면 부정적 부성 콤플렉스, 부정적 모성 콤플렉스, 자기(self)의 통합을 불가능하게 하는 콤플렉스 등이다. 그 콤플렉스는 정신적으로 병리성이 강하고 치료자조차도 영향을 받는다. 또한 여기서 말하는 분열병 원형은 융이 말한 누구에게나 내적으로 존재하는 원형의 하나이다. 이러한 의미에서 모든 사람이 분열병 원형을 가지고 있으므로 누구나 분열병이 될 가능성은 존재한다. 그러나 대부분의 경우 분열병 원형은 마음 깊은 영역에서 잠자고 있다. 일단 분열병 원형이 활성화되면 자아를 밀어젖히고 그 개인의 분열

병 콤플렉스로 성장하여 발병하게 되는 것이다. 분열병 치료에서 치료자 자신이 발병으로까지는 가지 않겠지만 치료 중에 분열병 콤플렉스로 괴로워하는 일이 생길 수도 있다.

주2) 급성분열병 상태의 종결과 증상이 없어지는 과정으로의 전환을 알리는 일련의 현상이 관찰되어지는 시기이다. 그 현상으로 설사나 발열 혹은 복부 증상과 같은 자율신경계의 증상이 나타나거나, 중추염이나 천식 발작 등의 신체 증상이 임계기의 환자에게 나타나기 쉽다.

---

1) 中井久夫：描画をとおしてみた精神障害者とくに精神分裂病者における心理的空間の構造、芸術療法、第3巻、37-51
2) 中井久夫：精神分裂病状態からの寛解過程 ── 描画を併用した精神療法をとおしてみた縦断的観察. 宮本忠雄編,『分裂病の精神病理2』. 東京大学出版会, 157-217, 1974年
3) Furth, G：*Secret World of Drawings - healing through art.* Sigo Press. 1988(老松克博・角野善宏 역『그림이 말하는 비밀 ─ 융학파 분석가에 의한 그림치료의 입문(絵が語る秘密 ユング派分析家による絵画治療の手引き)』日本評論社, 2001년)
4) 角野善宏『分裂病の心理療法』日本評論社, 1988年, 31쪽
5) Schwing, G,：*Ein Weg zur Seele des Geisteskranken.* Zurich: Rascher Verlag.1940. (小川信夫・船渡川佐知子訳『精神病者の魂への道』みすず書房, 1966年)
6) Hans Biedermann：KNAURS LEXIKON DER SYMBOLE. Droemersche Verlagsanstalt Th. Knaur Nachf., Munchen.,1989(藤代幸一監訳『図説世界シンボル事典』八坂書房, 2000年, 77-79쪽)
7) 宮脇恭子：自我発達における小学校中学年の位置づけ ── 風景構成法を通して.京都大学修士論文, 1983年
8) Hans Biedermann :6 같은 책, 303-304쪽

9) Bach, S. : *Life Paints Its Own Span-The significance of spontaneous pictures by severly ill children,* Daimon.1990(老松克博・角野善宏 역 『생명은 그 생애를 그린다 - 중병환자 어린이가 그린 자유화의 의미, (生命はその生涯を描く一　　重病の子どもが描く自由画の意味) 』誠信書房,1998년)

10) Bach, S. 9 같은 책, 162쪽

참고문헌

角野善宏:精神療法の過程と心理検査 ── 風景構成法.精神療法, 25, 1, 16-23, 1999年

皆藤章 : 風景構成法 ── その基礎と実践. 誠信書房,80-104, 1994年

松井律子 : 風景構成法の読み方. 精神科治療学, 7(3):229-236, 1992年

松井律子 : 風景構成法の読み方. 山中康裕編著, 風景構成法その後の発展, 岩崎学術出版社, 27-42, 1996年

中井久夫 : 精神分裂病者の精神療法における描画の使用 ── とくに技法の開発によって得られた知見について。芸術療法、 2 , 78-89, 1970年

中井久夫 : 精神分裂病者への精神療法的接近, 臨床精神医学, 3 15-24, 1974年

中井久夫 : 風景構成法. 精神科治療学 7(3):237-248, 1992年

제 5 장
풍경구성법의 응용
- 각각의 증상에 따라서

1. 풍경구성법과 암환자

[사례9]
J, 여성, 57세
진단 : 폐암, 만성분열병으로 20년간 입원했지만, 완전히 증상이 없어짐.
병력 :

J는 20세 전반에 발병한 만성 망상형분열병이었다. 연애문제로 인하여 몇 번이나 망상이 재발해서 수차례 입원과 퇴원을 반복한 후 마지막으로 입원한 후 15년째 되었을 때 필자가 주치의가 되었다. J는 필자가 주치의가 되기 2년 전에 폐암에 걸려, 암 부위가 수술 불가능할 정도로 넓어져서 항암제를 사용할 수도 없었고, 또 알리지도 않은 상태였다. J는 망상도 없고, 매우 안정된 병원생활을 보내고 있었다.

필자가 주치의가 되고 1개월 반 후에 그린 풍경구성법이 작품43이다. 이 그림은 강을 경계로 해서 오른쪽 하단과 왼쪽 상단이 대조적인

작품43

풍경을 이루고 있다. 왼쪽 상단은 풍경 묘사가 많은데 비해서, 오른쪽 하단은 2개의 꽃과 돌 뿐이다. 더구나 필자가 그것을 지적하기까지, J는 그것에 대해서 전혀 의식하지 못하고 있었다. 필자에게 지적받고 비로소 그 부자연스러움에 놀랐다. 그 대조적인 2개의 세계가 전혀 다르다는 점에서, 이 풍경구성법에 자연스러운 느낌이 없음을 엿볼 수 있다. 즉 하나의 풍경을 그렸는데, 거기에 일관성이 없는 것이다. 거기서 필자는 J의 망상형분열병의 증상이 남아있음을 느꼈다.

더욱이 필자는 J에게 「이 풍경구성법에 대해 무언가 생각해볼 점은 없을까요?」라고 물어보았다. 그러자 J는 작품43을 「왼쪽 상단의 세계는 이 병원에서의 생활입니다. 기독교신앙의 생활과 지금을 사는 병원에서의 현실생활입니다. 한편, 오른쪽 하단의 세계는 험하고 더

러운 잊혀진 세계입니다」 라고 설명하였다. J의 내면은 이 풍경구성법처럼 확실하게 두개로 나뉘어져 있었다. 오른쪽 하단의 잊혀진 세계는 J에게 참기 어려운 기억이 있다는 것을 쉽게 상상할 수 있다.

J의 성장과정은 괴로움으로 가득 찬 것이었다. 아버지는 알콜의존증이고, 어머니와는 언쟁이 끊임없었고, 외동딸인 J는 양친의 불화로 어릴 때부터 고통을 받아왔다. 이윽고 부모가 이혼하게 되었을 때, 어머니는 새로운 남성과의 생활을 시작하게 되었다. J는 아버지 쪽을 따라갔고 어머니를 자신의 삶에 받아들이지 않게 되었다. 그리고 파국적인 연애에 빠져서 발병하고, 아버지는 돌아가시게 되었던 것이다.

그러한 과거에 대해, J는 오른쪽 하단의 2개의 꽃과 돌만의 세계로 자신을 표현했다. 2개라는 것은 J와 이루지 못한 연인을 의미하는 것일까? 다소곳이 두개가 나란히 있는 것이 인상적이다. 그 외에는 전혀 아무 것도 그리지 않고 있다. J가 이야기한 것과 같이 과거는 잊어버려야할 세계인지도 모른다. 폐암에 대한 어떤 치료도 하지 않았음에도 불구하고 자각증상 없이 건강한 생활을 보내고 있었다. 그러나 흉부엑스선 촬영에서는 폐 전체에 조금씩 암이 퍼져가고 있었다.

J의 주치의가 되고 4년 후, 필자는 J가 조금밖에 남지 않은 인생을 어떻게 보낼 것인가를 생각하면서, J에게 퇴원해서 병원 가까운 곳에 살 것을 이야기하기로 결정했다. 이 결정을 J에게 제안했더니, J는 진심으로 기뻐하며, 스스로의 의지로 20년 만에 병원을 퇴원해서 생활하게 되었다. 퇴원 직전에 그렸던 그림이 작품44이다.

작품44는 4년 전에 그린 작품43과 비교해서, 전체적으로 조화롭고 정신적으로 더 안정된 인상을 주었다. 게다가 왼쪽 상단과 오른쪽 하단의 세계가 해리되었던 것이 전혀 없어졌다. 하나로 정리된 세계이

작품44

다.

그러나 그림전체가 흘러나가 버릴 듯한 안정감이 없는 느낌을 주고, J의 초조함과 J의 내면이 무언가 조급해하고 있다는 인상을 받았다. 또 무엇보다 걱정되는 것은, 처음에 오른쪽 하단의 지붕을 갈색으로 칠했는데 마지막에는 빨간색으로 그 위를 덧칠해 완성한 것이다. 스잔 바하는 빨간색을 「종양의 적색」으로 부르고, 암환자의 그림에서 빨간색은 암 발생이나 퍼짐을 나타낼 가능성을 가진다고 지적하고 있다[1]. 필자는 이 풍경구성법에서 역시 J의 퇴원을 서둘러서, 하루라도 빨리 사회에서의 생활을 즐겁게 하도록 해야 한다고 확신했다.

J는 정말로 퇴원후의 생활을 즐기고 만족스러워했다. 그러나 폐암은 풍경구성법이 나타내듯이 급속히 진행되어, 퇴원 후 약 1년 정도

되어 J를 천국으로 데리고 가버렸다. 필자는 도중에 주치의가 되었으므로, 진단이 내려지고 2년 뒤라서 군이 병명을 알릴 용기가 없었다. 이 일은 J가 크리스천이었으므로 더욱 더 유감이었다.

그러나 퇴원에 대해서 J와 서로 이야기하고 결정이 빨리 이루어져, 1년이긴 하지만 J가 충실한 생활을 즐기게 할 수 있었다고 생각한다. 적으마나 빠른 결정을 하도록 도와준 풍경구성법에 감사하고 있다. J의 영혼은 암의 진행과 얼마 남지 않은 인생을 알고 있지 않았을까. 이것을 풍경구성법은 분명히 나타내주었다고 생각한다. 영혼은 풍경구성법을 통해 J의 생명을 전해주었다고 생각한다. 지금은 특히 그것을 확신하고 있다.

2. 풍경구성법과 우울상태

[사례10]

K, 스위스인 남성, 32세

주 호소 : 억압되고 우울한 감정

병력 :

K의 양친은 독일에 이민을 갔고, 아버지는 할아버지 때부터 그리스도교 프로테스탄트 목사였다. K는 엄격한 아버지와 마음이 맞지 않고, 직업은 목사가 되지 않고 출판관계에 종사했다. 옛날부터 지금에 이르기까지 K는 아버지와의 관계에서 괴로워하고, 아버지의 종교를 계속 부인해왔다. 생육사를 보면 아버지의 일관계로 K는 17세부터 11년간 미국에서 생활하고 있었다. 미국에 체재하면서 지금의 아내를 알게 되어 결혼하고, 그 후 함께 스위스로 귀국했다. 그러나 최근 아내와

관계가 나빠지고 일도 잘 되지 않아, 억압되고 우울한 감정이 심해져서 필자에게 심리치료를 받게 되었다. K의 아내는 유대계 미국인이고, K는 독일계 스위스인으로 서로의 관계 속에서 자신의 정체성이 어디에 있는지도 괴로워했다. 주된 호소는 억압되고 우울한 감정이었으나 내면에는 여러 가지 문제를 안고 있었다. 앞에서 말한 것처럼 아버지와의 심한 갈등, 아내와의 관계, 자신의 민족적인 정체성, 그리고 직업이나 생활에서의 자신감 상실 등 문제가 존재하고 있었다. 이러한 것을 염두에 두면서 K와 심리치료를 시작했다.

경과 :

작품45는 면접초기에 그려진 풍경구성법이다. 필자가 풍경구성법의 설명을 하고 K에게 그리도록 했을 때 K는 저항 없이 원만하게 그림을 그릴 수 있었다. 평소보다 조금 긴장해서 부자연스러운 느낌을 받았지만 단숨에 그려나갔다. 그림을 다 그린 후 필자는 K에게 감상을 말하도록 했다. 그러자 K는 이미지를 떠올리면서 「강은 왼쪽에서 오른쪽으로 흐르고 있습니다. 강에서부터 샘에 이르기까지는 좋은 느낌이 듭니다. 목초지에서 산에 이르기까지는 언제든지 가볍게 갈 수 있습니다. 저에게는 익숙하고 친밀감 있는 영역입니다. 한편 왼쪽 아래 부분의 영역은 위험합니다. 얼음에 갇힌 토지입니다. 쉽게 갈 수 없습니다」라고 말했다.

이 그림에 대한 필자의 첫인상은 평범해서 흥미를 느끼지 못했다. 게다가 몇 가지 걱정되는 부분이 있어 조금 불안을 느끼게 했다.

우선 전체적으로 근경이다. K의 문제가 절박하다는 분위기를 느꼈다. 그림의 상반부와 오른쪽은 K가 연상하듯이 안전하고 문제없는 세계이다. 한편 하반부 특히 왼쪽 하단의 영역은 주의를 필요로 한다.

작품45

의식적인 현실에서의 생활은 어떻게든 할 수 있으나 무의식에서의 에너지는 얻기가 어려운 듯하다.

또 강과 길이 함께 있어 앞이 애매하게 되어있다. 그 때문에 맨 오른쪽의 강은 흐르고 있지 않다. 더구나 사람과 소가 오른쪽 상단에서 왼쪽 하단으로 걷고 있다. 이 그림 전체 흐름은 사람과 소가 같은 방향으로 향하고 있는 것처럼 느껴진다. 즉 강의 흐름은 왼쪽에서 오른쪽으로 흐르고 있지만 도중에서 멈추고 있고, 그림이 가지는 방향성은 오른쪽 위에서 왼쪽 아래로 되어있다. 이것은 분명히 의식에서 무의식으로 퇴행하는 것을 나타내는 방향성을 갖고 있어, 에너지의 흐름도 의식에 충분히 도달하지 못하고 있다. 모든 그림에 적용할 수 있는 것은 아니지만, 왼쪽 하단의 영역은 무의식을 상징적으로 나타내고 있는 경우가 많다. 한편 오른쪽 상단의 영역은 의식을 나타낸다고 생각할 수 있다.

더구나 큰 바위가 사람과 소의 이동을 방해하고 있다. K 영혼의 방향은 일단 퇴행할 필요가 있고 왼쪽으로 향하고 있지만 바위가 가로막고 있다. 더구나 왼쪽 영역은 위험하고 냉혹한 세계이므로 가려고 해도 갈 수 없는 상태이다. 현실의 증상으로는 억압되고 우울한 감정이 되지 않을 수 없다는 것을 필자는 이해할 수 있었다.

K에게는 심리치료적으로 한번 퇴행하여 왼쪽 하단의 얼음에 갇혀있는 무의식의 세계로 향하고, 그 영역에 충분히 관계할 내적인 작업이 필요하다. 왼쪽 아래 부분이 얼음에 계속 갇혀있는 것은 문제다. 새롭게 자신의 인생을 생각하고 살아갈 에너지를 얻기 위해, 왼쪽 하단의 무의식으로부터 에너지가 나오지 않으면 안 된다. K에게 있어서 무의식의 이미지는 얼음에 갇힌 위험한 영역이다.

본래 무의식은 우리들에게 끊임없이 창조적인 신선한 에너지를 공급해주므로, 지금부터의 인생에서 K가 일단 왼쪽으로 나아갈 필요가 있다. 그러나 그것은 알지 못하는 두려운 곳이기도 하다. 될 수 있는 한 가고 싶지 않다. 그것을 용케도 바위가 있어 왼쪽으로 가지 못하도록 방해하고 있다. K에게 있어서 바위는 모순 되는 존재이다. 바위가 없다면 단숨에 퇴행하는 방향으로 나아가 버릴 위험이 있다. 아직 왼쪽 하단은 위험한 영역이다. 그것을 잠시 멈추게 하고 있는 것이 바위이다. 만약 왼쪽 하단이 K에게 위험하지 않고 안심하고 관계할 수 있는 영역으로 변화한다면, 바위의 존재는 필요 없게 될 것이다. 그때 K의 억압되고 우울한 증상은 해소될지도 모르겠다.

또한 바위는 지금 그 존재를 필요로 하고 있지만, 현재 장소에서 어느 쪽으로든 치우게 될 것이다. 그렇게 생각하면 이 경우 바위는 억압되고 우울한 증상을 상징하고 있다고 말할 수 있지 않을까. 바위 위에 작은 나무를 두고 있는 것도 이 바위가 간단한 장애물만을 의미하는 것이 아니라는 것을 표현하려는 듯하다. 억압되고 우울한 증상은 K에게 안전핀이기도 하다. K는 의식하지 않지만 자신의 증상에 대해 잘 이해하고 있는 것은 아닐까. 적어도 그림 상으로는 그것이 부정적인 의미만은 아니라는 것을 나타내고 있다. 따라서 회복의 가능성을 충분히 기대하게한다.

작품46은 작품45를 그린 1개월 후에 그려진 풍경구성법 그림이다. 이 작품에 대해 K는 「어쨌든 왼쪽 구석의 바위나 산이 위험하므로 주의를 요합니다」라고 말했다. 그 외에는 특별하게 코멘트도 감상도 이미지도 나오지 않았다. 그러나 필자의 감상은 이번 작품은 앞 작품45에 비해 원경이 되었다는 것이다. 그러므로 전체에 조금 여유를 느낄 수 있다. 그리고 앞 그림에 비해서 전체적으로 상당히 변화했음을 느꼈다.

구체적으로는 강과 길과의 관계가 완전히 변했다. 중심에 다리를 그리고 있다. 그것들에 의해 그림의 공간이 4등분되었다. 특히 왼쪽 하단의 영역은 크게 개선되어있다. 원래는 얼음에 갇힌 곳이었지만 초원으로 변했다. 더구나 거기에는 사슴 두 마리가 있다. 사슴은 새로운 가능성이나 풍요로움, 그리고 신과 매개를 해주는 신성한 동물이다. 이 영역이 이렇게 변한 것은 K의 내면에 있어 큰 의미가 있다. 인생의 괴로움에 직면하는 용기나 살아가기 위한 에너지를 획득할

작품46

수 있는 가능성을 자신의 것으로 해가고 있다.

왼쪽 위의 영역은 위험한 바위나 험한 산들이 존재하고 있다. 바하[2]에 의하면 왼쪽 상단 영역은 피안의 세계, 종교, 부성 등과 관련이 있는 곳이다. 이번 그림에서는 바위가 사각 기둥이 되어 산에 붙어있는 형태로 되어있다. 아버지와의 관계나 아버지를 통한 종교의 문제는 역시 K에게는 혹독하고 어려운 문제이다. 억압되고 우울한 감정은 이런 문제와도 관계하고 있는지도 모른다. 그러나 그 험악하고 힘든 세계에 길을 통과시키고 있는 것은, 상당히 K의 내면이 변화하고 무의식과 관계하는 힘이 생겼다는 것을 나타낸다. 그것과 앞 그림처럼 바위 위에 나무가 있는 것은 치료자를 안심하게 해준다.

오른쪽 하단의 영역은 집이 있고 사람들이 있는 생활영역이다. K의 현실 생활능력을 표현하고 있는 것이리라. 한 쌍의 커플이나 말을 탄 사람도 있어, K는 현실에 대한 잠재능력을 가지고 있다는 것을 알 수 있다.

오른쪽 상단의 영역은 지평선과 하늘뿐이다. 이것 이외는 아무 것도 없다. 하늘에는 채색도 되어있지 않다. 거의 공허라고 말해도 좋다. 바하[3]에 의하면 오른쪽 상단은 지금, 여기를 의미한다. 또 이삭에 의하면[4] 오른쪽 상단의 영역은 사회, 세상, 장래 전망, 독립, 책임감, 리더십 등과 관련이 있다. 확실히 지금 K에게 결핍되어 있는 것은 장래에 어떻게 살아갈 것인가 하는 문제이다. 사회에 대한 일이나 책임에 있어서도 K나름대로 성취할 역할이 필요하다. 일에 대한 준비는 지금 단계에서 아무것도 이룬 것도 없고 또한 전망조차 없는 상태이다.

강 가운데 있는 모래톱에서 사람이 낚시를 하고 있다. 이것은 K가 무의식에서 서서히 심적 에너지를 획득하려는 것을 나타낸 것이다. 면접을 마칠 때, K와 필자는 이 낚시하는 사람이 좀 더 휴양하고 낚시를 하고 그 다음 왼쪽 방향으로 향하게 될 것이라고 이야기하며 서로의 느낌을 확인했다. 억압되고 우울한 상태에서의 회복에 대해서는 시기가 오면 잘 될 것이라는 추측을 가능하게 했다고 생각한다. 그래서 K는 그 후 에너지를 회복시켜 새로운 인생을 살아갈 수 있는 영혼을 가지게 되었다. 이것이 K와의 심리치료에서 실시했던 것이다.

작품47은 작품46을 그리고 1개월 뒤에 그린 풍경구성법 그림이다. K는 이 그림을 그린 후 「보트를 탄 사람이 꽃다발을 가지고 누군가를 만나러 갑니다. 그리고 왼쪽 상단의 언덕에는 교회가 세워져 있습니다. 나는 언제라도 그 교회에 갈 수 있습니다」라고 말했다.

작품47

우선 왼쪽 하단영역은 목초가 돋아나고, 네 마리의 양이 있고, 세 그루의 삼나무가 뻗어있고 노란 꽃이 피어있다. 앞 그림과 비교하면 한층 열려있고 안전하고 풍요로운 토지로 변화했다. 양은 사슴에 비해 보다 인간 세상에 가까운 동물이다. 보란다[5]에 의하면 삼나무를 그리는 사람은 지성적이고 종교적이며 비합리적인 사고에도 마음을 연다. 형식적인 의식성을 사랑한다. 노력은 열성적이고 불규칙하며 에너지 소비 경향이 있다. 확실히 K에게는 종교적 가문 또는 목사의 피가 흐르고 있다. 그 재능을 거부하고 있을 뿐이다. 그러나 그 가능성이 이번 그림의 왼쪽 상단에 있는 교회의 출현으로 현실에 나오고 있다. 또 K에게는 심적 에너지를 소비할 경향도 분명히 있다. 왼쪽 하단영역은 이제 이전처럼 얼음에 갇힌 세계가 아니고 충분히 발전하여 사람이 안주 할 수 있는 장소로 변화했다. 이제 K에게 두려운 세계는 자취를 감추었다. 바위는 오른쪽 하단에 강 속에 조용히 모습을 보이고 있을 뿐이다.

왼쪽 상단 영역은 풍성하게 강이 흐르고 있고 이전의 험악한 산들은 훨씬 안쪽으로 물러가 작은 언덕과 그 위에 집에 보인다. 그 집은 K의 연상으로는 교회이다. 부성의 영역, 종교의 영역에 K는 교회를 세우고 있다. K의 나무그림에서 말하고 있지만, K는 차츰 아버지와의 관계가 개선되어가고 있다. 가느다랗지만 이 교회로 가는 길이 있다. 지금까지 위협적, 권위적, 위엄이 있던 산들이 뒤쪽으로 물러가 있고, 그 앞쪽의 조금 높은 언덕에 작은 교회를 그렸다는 것은 부정적인 아버지 콤플렉스를 K나름대로 극복할 수 있었다는 것을 말하고 있다.

오른쪽 하단 영역은 물이 풍부하게 흐르고 사람이 낚시하고 있다. 보트에는 사람이 타고 있고 강 흐름에 따라 나아가고 있다. 바위는 조용히 강 속에 머물러 있다. K 내면의 에너지는 풍성하고 지금도 그 무의식의 에너지를 간직하고 있다. 그리고 보트처럼 무의식의 흐름에 자유롭게 탈수도 있다.

현실에서 K의 아내는 자신의 일을 넓히기 위해 K와 별거하게 되었다. K는 불안이 더욱 악화되지 않을까하는 공포로, 불안에 휩싸이는 듯 했지만 억압되고 우울한 감정은 오히려 감소하고 있었다. 아내와의 별거로 인한 K의 슬픔은 일시적이긴 했지만 굉장히 심했다. 하지만 K는 오히려 자신의 감정에 직면하는 용기를 가지고, 아버지와의 관계를 새롭게 하는 일에 착수하게 되었다.

오른쪽 상단 영역은 앞 그림과 거의 같아 지평선과 하늘이 있을 뿐이다. 그러나 그 영역에 길이 나있고 하늘의 공허함이 감소해 있다.

장래 전망에 가능성을 기대할 수 있는 느낌이 든다. 다리에 지붕을 붙이고 있는 것이 인상적이다. 그때 K는 꼭 다리를 강조하고 싶었는지도 모른다. 강과 길의 접점인 다리는, 역시 인간에게 무언가 큰 의미가 있는 것이리라. 어쩌면 이 시기를 전환점으로 K 속에 있던 무엇인가가 없어진 때인지도 모른다.

작품48은 작품47을 그리고 2개월이 지나서 그린 풍경구성법 그림이다. 필자의 이 그림에 대한 첫인상은 정말로 평온한 것이다. K는 아내가 없는 생활이 자연스럽게 되고, 억압되고 우울한 상태나 불안을 느끼는 일이 없어졌다. K의 생활자체가 진정된 평온함이었다.

왼쪽 하단 영역은 더욱 변화했다. 사람이 처음으로 그 영역에 나타

작품48

나고 더구나 낚시를 하고 있다. 거기는 옥수수 밭으로 변해 이 영역은 이제 완전히 K에게 안전하고 친밀감이 있는 장소가 되었다. 이전과 같이 낚시를 하고 있는 것은 아직 심적 에너지를 공급할 필요가 있음을 말하는 것이리라. 표면상으로는 회복하고 있는 듯이 보이지만, 심리적으로는 아직 충분한 에너지를 갖추고 있지 않다.

왼쪽 상단 영역은 집의 수가 늘고 가축도 있다. 조금씩 규모가 작은 마을을 이루고 있다. 깊은 산들은 험악하게 솟아올라 있을 뿐만 아니라 마을과의 사이에 숲을 형성하고 있다. 아버지와의 관계나 K 자신의 부성이 조금씩 확고한 것으로 변화하고 있는 것을 추측할 수 있다.

오른쪽 하단의 영역은 집들, 가족, 화단, 가축, 개 등 가정을 형성하고 있는 것이 모두 다 있다. K의 지금까지의 생활 능력은 조금도 쇠약해지지 않고 튼튼하게 있다는 것을 확인할 수 있다. 여기에 바위가 이전과 같은 모양으로 존재하고 있다. 강 속에 있고 그 존재감이 있다. 그러나 형태나 분위기는 온화하다. 그 위에는 나무가 많이 성장해 있다. 이 바위의 존재는 부각되지만 나쁜 느낌은 없다.

또 하나 오른쪽 구석 길 위에 뱀 한 마리가 있는 것이 눈에 뜨인다. 이것에 대해 K에게 직접 「이 뱀은 어떠한 의미인가요?」라고 물었다. K는 이미지를 떠올리면서 「분노, 공격성」이라고 대답했다. 필자는 좀 더 구체적으로 대답해 줄 것을 부탁했다. K는 자신의 아내에 대한 부정적인 감정을 이야기하기 시작했다. 그것은 매우 격렬해서 무시무시한 공격성과 폭력성으로 가득한 원시적인 감정이었다. K 스스로도 이 감정에 압도되고 두려워하며 주체할 수 없는 듯 했다.

어찌되었든 이 시점에서 K는 자신의 공격성이나 파괴성에 직면하여, 그것과 싸울 수 있을 정도로 회복하고 있었다. 뱀은 무엇이든 부정적인 의미만을 가진 것은 아니다. 의술의 신 아스크레피오스의 사자인 뱀의 의미도 있다. 뱀은 껍질을 벗기 때문에 변용의 상징이라는 의미를 갖는다. 치유되어 환생하는 힘을 가져오는 동물이기도 하다. K가 이 긍정적인 에너지를 최종적으로 사용할 수 있다면 좋을 것이다.

오른쪽 상단 영역은 역시 앞 그림과 거의 같고 지평선과 하늘이 있다. 그러나 그 영역은 길이 뻗어있는 것과 하늘의 공허함이 더욱 줄어들었다. 아직 아무것도 나오지는 않지만 좀 더 기다리자고 생각했다. 장래 전망에 대해 초조함은 금물이다. 그렇다하더라도 강의 흐름은 완만하고 굽이치며 평온함이 가득하다. 다리도 튼튼히 놓여 있어 이제 풍경구성법도 마지막이 가까이 오고 있음을 느꼈다.

작품49는 작품48을 그린 후 1개월이 지나서 그린 다섯 번째 풍경구성법의 그림이다. 필자는 이 그림을 보고 장래를 어느 정도 전망할 수 있는 것은 아닐까 하고 생각했다. 앞의 풍경구성법과 마찬가지로 안정된 온화한 분위기를 가지고 있다. 왼쪽 하단의 영역은 밭이기도 하고 목장이기도 하여 사람이 생활하는 장소가 되었다. 왼쪽 상단의 영역은 교회를 중심으로 한 마을이 생겼다. 험악한 산들은 완전히 사라졌다. 그 마을로 가는 길은 큰길과 통하고 있다. 아버지의 영역에 K 자신의 교회를 중심으로 한 마을이 생긴 것이다.

오른쪽 하단 영역은 튼튼한 집이 세워지고 집의 테라스에서 어머니가 아이를 무릎에 앉히고 있다. K와 어머니 콤플렉스와의 좋은 관계가 표현되어있다. 그러나 이것에 의해 압도되지 않도록 항상 주의해야 할 필요는 있으리라. 사람이 낚시를 하고 있는 패턴은 계속되고 있다. 아직 무의식으로부터의 심적 에너지는 필요하다.

바위는 나무 그늘에 숨겨져 있어 그 존재를 분명히 나타내지 않게

작품49

되었다. 그러나 장차 다시 K에게 위기가 올 경우, 바위는 전면에 나와서 억압되고 우울한 증상을 일으킬지도 모른다. 바위는 K의 억압되고 우울한 감정의 상징이다. 그러나 이 억압되고 우울한 감정은 K에게 위기를 알리고, 어느 의미에서는 K를 붕괴에서 지키는 증상이기도 하다. 억압되고 우울한 감정은 이 바위처럼 없어서는 안 되는 존재이다. 이것을 K도 충분히 이해하고 있다. 이 시점에서 현실에서는 바위가 숨겨진 것처럼 K의 억압되고 우울한 감정도 없어졌지만 완전히 없어진 것은 아닐 것이다. 필요한 때에는 또 우울 상태가 재발할 가능성이 있을지도 모른다. 그러나 이번에는 그 정도로 불안해하고 비탄해할 것은 없다고 생각한다. 또 억압되고 우울한 감정을 나타내기 전에

K는 일을 잘 처리할 것이다. 이러한 의미에서 안심할 수 있었다.

K의 모든 풍경구성법을 쭉 훑어보면 영역에 관해서는 왼쪽 하단이, 항목에 있어서는 바위가 가장 눈길을 끌었다. 카이토가 말한 유목성(誘目性)은 K의 작품 속에서는 왼쪽 하단의 영역과 바위라고 생각된다. 유목성이란 치료 과정에 있어 풍경구성법 작품 속에서 특별하게 눈길을 끄는 항목이나 영역이 있어서 그 변화를 주목하는 것이 치료과정을 이해하는 데 도움이 되는 것이다. 그러한 항목이나 영역이 가지는 특성을 유목성이라 한다[6]. 바위는 카이토가 말한 유목성이기도 하고, 증상에 관련한 주안점, 착안점이기도 하다.

오른쪽 상단 영역은 처음으로 여러 가지 항목이 그려지게 되었다. 거기에는 하나의 마을이 되어있는 듯하다. 그림 중심에 위치하는 다리와 그 위의 인물이 인상적이다. 필자는 K에게 「이 사람은 어느 쪽 길을 선택할까요」라고 물었다. 그러자 K는 주저 없이 「아래에 있는 마을로 통하는 길을 선택하고 그곳으로 갑니다」라고 대답했다.

확실히 현실에의 전망은 열려가고 있었다. 출판업은 궤도에 올랐고 아버지와의 관계나 아버지가 관계하는 교회의 출판물을 도맡아 인수하고, 이제 새로운 현실로 향하고 있었다. 만약 K가 윗길을 선택하고 다시 아무것도 없는 곳으로 간다면, 다시 장래의 전망도 없고 공허감이 엄습할 위험이 있다. 거기에는 그림에 있는 것과 같이 검고 큰 이상한 새가 날고 있다. 그러나 그림에서 이렇게 그릴 수 있는 것이다. 그 힘을 믿는 것이 중요하다. 또한 장차 윗길을 선택하고 그곳을 용기를 가지고 개척해 줄 것을 기대하고 싶다.

이 풍경구성법이 마지막이 되었다. 이제 K에게는 이것이 필요하지 않음을 알았다. 그 후 면접은 약 1년 이상 계속 되었지만 재발하지 않고, 아내와는 정식으로 이혼하고 K 나름대로 새로운 생활을 보낼 수 있게 되었다. 또 새로운 친구가 생겨 생활도 안정되고 담담하게 할 수 있게 되었다.

3. 풍경구성법과 한 미국인 여성

이 사례는 제 2장에서 이미 말한 것으로, 이 사례의 풍경구성법에 대해서도 이미 논했다. 그러나 이 사례의 풍경구성법도 필자로서는 잊기 어려운 것이어서 중복되지만 한 번 더 이야기하고 싶다.

[사례11]
L, 미국인 여성, 29세
주된 증상 : 불안과 고독감
진단 : 알코올 의존증, 우울증
병력 :

L은 미국인으로 스위스인 남성과 결혼하여 스위스로 시집와서 곧 바로 알코올 의존증이 되어버렸다. 취리히 알코올 의존증 자조단체에서 소개받아 필자에게 심리치료를 받게 되었다. 처음 면접할 때 「말이 통하지 않고 아는 사람이 전혀 없어서 매우 고독하다」고 호소했고, 정신적으로 침체하여 알코올에 의존하는 상태였다. 면접할 때 L의 모국어인 영어를 맹렬한 기세로 이야기해 이쪽에서는 단지 가만히 듣고 있는 상태가 계속되었다. 몇 번인가의 면접을 마치고 대강 이야기가 끝난 틈에 L에게 풍경구성법을 권했다. 이것이 작품50이다. 그

림 가운데서 가장 눈길을 끄는 것은 오른쪽 부분 중앙에 그려진 울타리 안에 있는 한 마리의 암소였다. 필자에게는 유창한 영어로 이야기하는 L의 괴로움보다도, 이 그림에서 표현된 동물의 괴로움에 더 쉽게 공감이 갔다. 즉 L이 가지는 고독감이 이 암소에게 투사되고 있는 것이 충분히 전달되어 왔기 때문이다. 필자가 이것을 이야기하자, L은 「지금까지 너무 자신의 고독에 마주대할 용기가 없었다. 그렇게 하는 것이 두려웠다」고 이야기했다.

그리고 자신의 그림을 한 번 더 보고, 자기 나름대로의 감상을 말했다. 「아직 날이 새지 않은 시간에, 몇 개의 산이 우뚝 솟은 산록에 집에서부터 멀리 떨어진 울타리 안에서 혼자 슬퍼하고 있는 자신」이라는 것이다. 작품50에 의해 L은 자신을 통찰하는 힘을 가질 수 있게

작품50

되었다고 생각했다. 면접 내용이 상당히 깊이 있는 것이었기 때문이다.

그러나 알코올의 유혹은 매우 끊기 어려워, 이전과 같은 고독감에 의한 압박으로 붕괴될 듯한 위기였다. 그런 가운데에서 작품50은 한 장의 풍경구성법이 얼마나 면접장면을 변화시키고 심리치료에 새로운 전개를 가져올 수 있는지를 보여주는 실례였다.

L은 1년 반 후의 임신과 출산을 기대하면서 남편과 이야기를 계속한 결과 오스트레일리아로 이주 할 것을 결정했다. 이는 L과 남편이 서로 이야기한 성과로서 상호간에 만족했다. 그리고 재출발과 알코올 의존에 대한 치료를 계속하기로 약속하고 여행을 떠났다.

4. 풍경구성법과 이인증

[사례12]
M, 여성, 30세
주 증상 : 억압되고 우울한 감정, 현실감이 없음
진단 : 이인증
병력 :

어릴 때부터 부모님의 불화로 괴로워했고, M이 중학교 때 부모님은 이혼했다. M은 어머니에게 맡겨져 고등학교를 어머니 집에서 졸업했다. 졸업 후 어머니 곁을 떠나 취직했다. 몇 년간 일한 후 연애결혼 했지만 상대 남성과 원만하지 못해 2년도 되지 못하여 이혼했다. 그 사이에 부모님은 재결합하여 동거하게 되었다. M은 이혼 후 부모님

곁으로 가기 싫어 혼자서 생활하며 다시 일하기 시작했다. 그러나 부모님은 M과의 연락이 되지 않아 행방을 찾고 있었다. 반년정도 지나 M 자신이 부모님에게 연락을 했지만 상당히 이성을 잃은듯했다. 걱정을 한 부모님이 M을 집으로 데리고 돌아와 보살피게 되었다. 부모님은 M이 정신적으로 상태가 나쁘다고 느끼고 필자가 근무하는 병원으로 데리고 오게 되었다.

경과 :

필자가 M과 면접을 했다. M은 「살아있다는 느낌이 들지 않는다. 기쁨이나 슬픔을 느낄 수 없다. 선생님과 나 사이에 흰 베일 같은 것이 있어 이야기를 하고 있어도 직접 대화하고 있다는 느낌이 없다」고 말했다. 명백하게 이인증상을 보이고 있었다.

치료초기인 **년 2월 18일, 첫 번째 풍경구성법(작품51)을 실시했다. 역시 제일 주목했던 것은 채색이 적은 것이다. 또 구성도 확실하지 않다. 강이 하늘에서 아래로 흐르고 있다. 사람이 막대기 상으로 그려지고 전체가 공허감으로 덮여져 있다. 심적 에너지 저하가 현저한 것이 분명했다. M에게 이인증상이 있는 것도 작품51을 보면 충분히 이해할 수 있었다.

치료를 계속했지만 이인증상은 그다지 가벼워지지 않았다. 그러나 M은 지금까지의 성장과정을 차분히 필자에게 말하고, 그 괴로움을 충분히 전할 수 있게 되었다. 처음의 주뼛주뼛하던 느낌은 적어졌다.

처음 진료 후 1년 지난 5월 30일, 두 번째 풍경구성법(작품52)을 실시했다. 작품51과 비교해 보면 마찬가지로 채색이 적다. 색을 칠한다기보다 윤곽을 따라서 덧입힐 뿐이었다. 심적 에너지는 아직 충분하지 않고, 이인증도 그다지 나아지지 않고 있다는 것을 알 수 있다.

작품51

작품52

그러나 이번 작품52는 앞의 작품51과 비교하면 항목 수가 증가했다. 산이 하나 늘고, 나무도 두 그루 늘고, 집도 두 채가 늘었다. 그리고 채색은 하지 않았지만 두 명의 인물이 막대기상이 아니고 얼굴이나 복장을 상세하게 그리고 있다. 단순하지만 논(밭)도 그리고 있다.

그 후도 면접이 계속되고 M은 가사일, 쇼핑, 취미 등 생활범위가 상당히 넓어졌다. 이야기하는 내용이나 말하는 기운에도 힘이 담겨있는 듯했다. 처음 진료 후 2년 지난 8월 5일에 세 번째 풍경구성법(작품53)을 실시했다. 이번 작품은 앞의 작품51, 52와 비교하면 하늘 이외의 모든 것이 채색되어 있다. 첫 번째 그림에서 그려진 태양도 이번 그림에는 전체가 그려져 있고, 구름도 함께 그려져 있다. 산은 짙은 녹색이고, 논(밭)은 녹색으로 확실히 칠해져 있다. 상당히 채색이 좋아지고

작품53

짙어졌다. 사람이나 동물의 표정도 좋다. 풍경구성도 앞 그림과 비교해 좋아지고 있다. 확실히 이 시점에서 이제 M에게도 이인증이 거의 느껴지지 않게 되었다.

이 그림을 그리고 잠시 M은 상당히 활기를 되찾아 본래의 상태로 되돌아온 듯 했다. 필자가 보기에는 아직 M에게서 일말의 불안이 느껴졌다. 그러나 M이 회복함에 따라 M은 이제 부모와 조금도 같이 있고 싶은 마음이 없었다. 그래서 M은 거침없이 자신이 직장을 구해 집을 나가고 말았다. 필자와의 치료도 일방적으로 종료되고 말았다. 어릴 때 체험했던 부모에 대한 비뚤어진 감정은 좀처럼 풀리지 않는 것이리라. 그 후 M은 부모님과 연락을 계속하며 자율적으로 생활하고 있다.

M의 일련의 풍경구성법은 M의 이인증상 유무와 변천을 알리는 지표로 매우 흥미로운 것이었다. 특히 풍경구성법상의 채색과 심적 에너지는 분명히 상관관계가 있다고 생각된다.

5. 풍경구성법과 잠재성 정신병

[사례13]

N, 남성, 45세

주된 증상 :자살기도, 극단적인 두려움

진단 : 잠재성 정신병

병력 :

남동생이 2년 전에 자살한 이후, 눈에 띄게 N의 성격이 변해버렸다.

극단적으로 내향적이 되어버린 것이다. 그 이후 N은 회사에서 상사에게 「경찰이 온다」고 이야기하기도 하고, 밤늦도록 집에 돌아가지 않고 배회하기도 하고, 아침에 출근하지 않고, 기이한 행동이 두드러지게 되었다. 이 때문에 정신과 외래에 통원하여 현재까지 어쩔 수 없이 두 번 자택요양을 하고 있었다.

**년 8월 28일, 갑자기 집을 뛰쳐나가 행방불명이 되었다. 8월 30일 공원에서 목을 매려고 하는 것을 경찰이 보호하여 그대로 필자가 근무하는 병원으로 데리고 왔다.

생육사 :

N이 세 살 때 친어머니가 사망했고, 8세 때에 아버지가 재혼했다. 계모에게 두 형제가 있었으나, 아래 남동생이 자살했다. 원래 조용한 생활을 보내고 있었다. 잘 돌봐주는 아내와 단 둘이서 그럭저럭 생활하고 있었다.

경과 :

8월 30일 외래에서 진찰받는데, N은 지금까지와는 다르게 벌벌 떨면서 전혀 침착하지 못하고 무언가에 크게 겁을 먹고 있는 듯했다. 자살기도의 이야기를 해도 통하지 않았다. 다시 자살기도를 할 위험이 크고 피로가 최고조였으므로 입원하도록 했다. 입원 초 N은 병실에서 텔레비전도 보지 않고 다른 환자들과 전혀 교류하지 않고 조용히 침대에 누워있을 뿐으로, 때때로 아내와 대화하는 정도였다. 필자도 기분을 묻는 정도의 면접만 반복했다.

진단은 외래에서의 진찰에서 우울증이 아니라는 것을 알았으나 분명한 정신병 증상이 없어 명확하게 진단할 수 없었다. 그러나 경험이 많은 동료 정신과 의사와 함께 진찰하여 분열증에 매우 가까운 상태일 것으로 진단했다. 이제까지 본인이 직접 호소하지는 않았지만, 환각 망상에 의한다고 생각되는 기이한 말이나 행동이 두드러졌다. 그리고 투약도 항우울제에서 메자 토란키라이자(항정신병약)로 했다.

필자는 분열병이라는 명확한 병 증상은 없지만, 잠재적인 분열증으로 일시적으로 그 병 증상이 조금 더 심해지고 있다고 생각했다. 그러나 여기서 확실하게 치료와 병실에서 요양을 한다면 발병의 위기는 면하리라고 예상했다.

9월 30일, N에게 첫 번째 풍경구성법(작품54)을 실시해 보았다. 그림의 선 자체는 확실히 그리고 있는 것 같았지만, 떨리는 듯한 터치가 아직 N의 두려움이나 불안이 크다는 것을 나타내고 있다고 느꼈다. 또한 사람, 동물, 꽃 등 살아있는 물체를 그리고 있지 않다. 겨우 나무

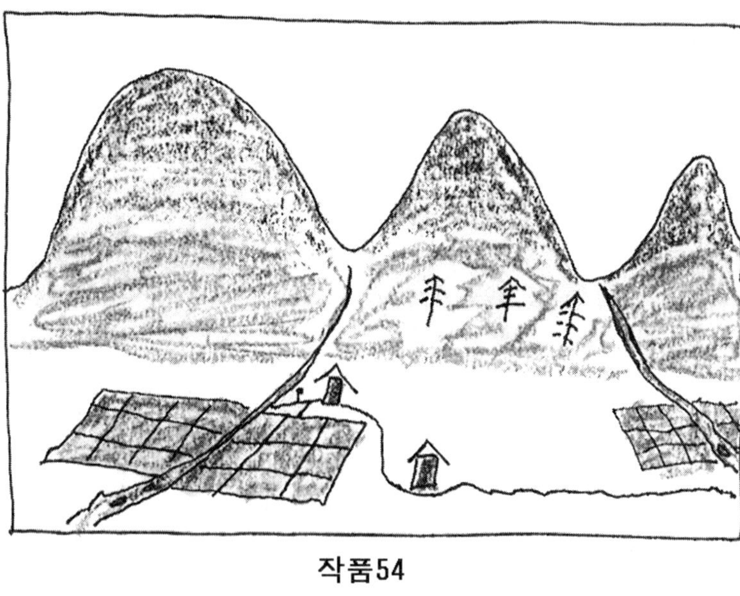

작품54

세 그루의 윤곽만 그리고 있을 뿐이다. 채색이 충분히 되어있지 않다. 이것들은 N의 심적 에너지나 활동성이 낮다는 것을 나타내고 있다고 생각된다.

필자는 후에 N의 풍경구성법을 연속해서 종단적으로 그리도록 하여 관찰하는 과정에서, N이 그리는 산들의 미묘한 변화에 주목했다.

10월 9일 두 번째 풍경구성법(작품55)을 실시했다. 앞 그림54와 비교하면, 떨리는 듯한 그림 선은 적어지게 되었다. 앞 그림과 같이 사람, 동물, 꽃은 그려져 있지 않다. 또 논(밭)의 면적이 좀 더 작아졌다. 이것 이외는 거의 변화가 없는 작품이다.

여기서 산의 형상을 관찰해 보자. 산의 수가 세 개로 앞 그림 작품54와 같다. 변화한 것은 산들이 전체적으로 조금 낮아진 것과 그 만큼

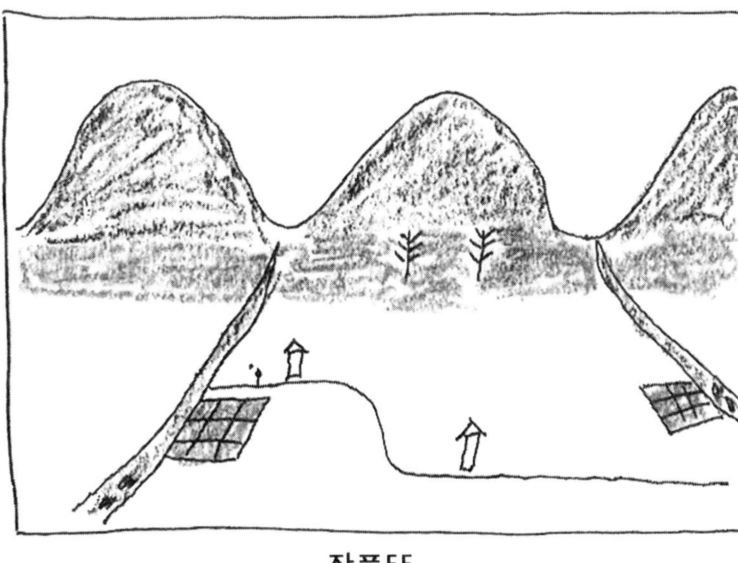

작품55

위압감이 감소된 것이다. 이 시점은 작품54를 그렸던 9월 30일에서 9일 밖에 지나지 않았던 것도 있고 병 증상이나 생활의 변화는 볼 수 없었다.

11월 10일 세 번째 풍경구성법(작품56)을 실시했다. 여기서 겨우 사람과 동물이 그려지게 되었다. 그러나 작품54, 55와 마찬가지로 작품56에서도 채색이 충분하지 않고 활기가 부족한 풍경구성법이다. 그런 가운데도 앞 작품과 다르게 단선으로 이루어진 길이 폭이 있는 두 선으로 그린 길로 변화하고 있다.

그리고 산들이 앞 작품보다 더욱더 낮아지고 네 개로 증가했다. 산이 하나 더 증가한 것은 어떻게 생각하면 좋을까? 문제가 하나 더 증가한 것일까? 이는 내 쪽에서의 억측일 수밖에 없다. 다만 산들이

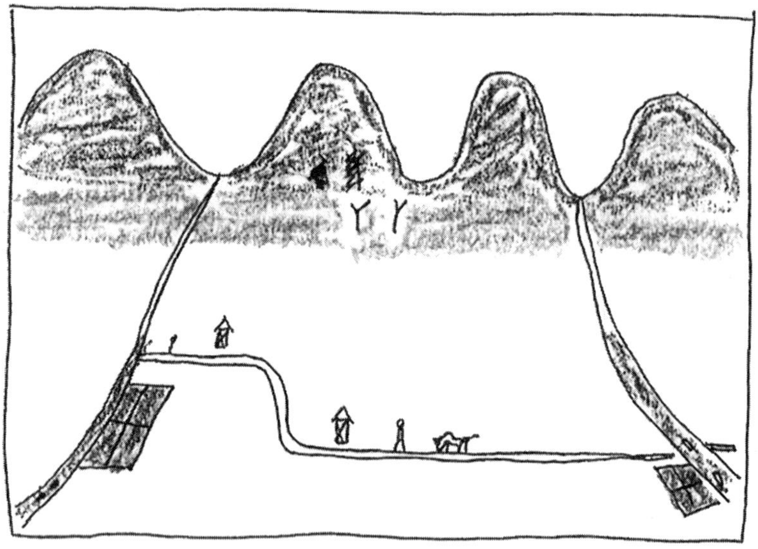

작품56

조금이라도 낮아졌다고 하는 것은, N에게 있어서 마음속의 장애가 낮아져서 회복으로 나아가기 쉬운 것은 아닐까하고 느꼈다. N의 증상인 불안이나 두려움은 풍경구성법에서의 산들이 낮아지고 위압감이 감소되는 만큼 나아지고 있다고 느꼈다.

확실히 N은 이 무렵부터 다른 환자나 주위 사람들과 교류가 서서히 증가하고, 두려움이나 불안은 거의 사라지고, 자살생각도 더 이상 하지 않게 되었다. 그리고 동반해서 외출할 수 있게 되었다.

이들 세 장의 풍경구성법을 종단적으로 보면, 어떤 종류의 분열병이 가지는 구성의 붕괴는 존재하지 않는다. 구성은 겨우 유지하고 있다. 이는 지금까지 증상을 일으키지 않고 어떻게든 일상생활을 보낼 수 있었던 자아의 힘이 있었기 때문이리라. 어떻게든 발병하지 않고 N의 정신구조를 유지해온 마음의 상태가 풍경구성법에 그려져 있다고 생각된다. 이 세 장의 풍경구성법이 N의 회복과정 속에서 그다지 큰 변화를 보이지 않는 것도, 분열병의 증상을 드러내려는 마음의 큰 전환을 일으키기 어려운 정신구조의 특징을 나타내고 있다고 느꼈다. 분열병의 증상을 일으키지 않고 어떻게든 버틸 수는 있었지만 동시에 잠재성정신병은 길게 유지할 것 같았다. 빨리 회복할 수는 없지만 발병하지 않고 올 수 있었던 그것으로도 좋다고 생각한다. 그리고 N에게는 이들 세 장의 풍경구성법에서 공통적으로 마음의 에너지가 낮은 것은 있지만 어떤 풍경구성법도 크게 붕괴하지 않은 구성이다. 이들 풍경구성법의 특징과 N의 긴 치료경과(거의 외래였다)는 연관이 있는 것처럼 생각된다. 이러한 변화가 적은 풍경구성법 가운데서도 산들의 모양의 미묘한 변화는 회복과정에 있어서 참고가 된다고 생각한다.

본서 4장의 「풍경구성법과 정신분열병」에 있는 사례와 같이, 회복과정 중에 그 정도의 큰 변화를 풍경구성법 속에 나타낸다는 것은, 반대로 분열병의 증상을 일으키기까지 큰 변화나 큰 전환을 일으키기 쉬운 초월적인 정신구조를 가지고 있다고 할 수 있다. 그러므로 회복과정에 있어 그만큼 풍경구성법상의 개선이나 증상의 개선도 볼 수 있다고 생각한다.

그 후 11월 하순부터 외박을 시작해 12월 말까지 외박을 반복했다. 병실에서도 집에서도 라디오를 듣고, 신문이나 잡지를 읽고, 좋아하는 추리소설을 즐기면서 읽을 수 있게 되었다. 표정도 밝아지고 활기차며 외래에서 진찰받을 때보다도 확실하게 대응을 할 수 있게 되었다.

처음 진료 후 1년이 지난 2월에 N은 퇴원했다. N은 직장에서의 괴로움이나 어려움을 아내에게 이야기하고 의논한 결과 일을 그만두게 되었다. 그 대신 아내가 일하러 나가게 되었고 N 부부는 이러한 생활 스타일을 계속 유지하게 되었다. 이것이 이후 N의 인생에, 그리고 정신에 어느 정도의 개선을 가지고 왔는지는 N의 빛나는 표정과 강한 에너지로 말하는 모습이 모든 것을 증명해 줄 수 있으리라 느낀다.

N의 경우 진단적으로 분열병이라고 말할 수는 없을 것이다. 그러나 잠재적으로 분열병으로 나갈 가능성은 있었다고 생각된다. 간신히 큰 정신적인 파탄은 면하는 정신구조를 갖고 있어 40세 중반까지 어떻게든 정신을 유지하고 일상생활을 보낸 것은 아닐까. 이러한 의미로 잠재성 정신병이면서 만기관해 사례라고 생각된다.

6. 풍경구성법과 공간배치

[사례14]

O, 여성, 18세

주된 증상 : 은둔형 외톨이(집에 틀어박힘), 억압되고 우울한 감정

병력 :

어릴 때부터 집단생활에 잘 어울리지 못하고 가정환경이 복잡했으므로, 정신적으로 고독하고 괴로운 생활을 하고 있었다. 그러나 학교는 무리해서라도 어떻게든 다니고 있었다. 중학교 2, 3학년 때부터 건강이 나빠지기 시작하여 때때로 학교를 가지 못하게 되었다.

고등학생이 되어서도 가끔 학교 가지 못했지만 엄격한 클럽활동도 건강을 해쳐가면서 열심히 했다. 고등학교 졸업 후 진로가 생각대로 되지 않게 되어, 정신적으로 매우 괴로워하게 되었다. 졸업하기 전 어느 날, 자신으로는 어떻게도 할 수 없게 매우 기분이 침체되어 완전히 집에 틀어박혀 지내게 되었다. 그리고 손목을 꽤 깊게 그어 버렸다. 이 일이 가족에게 알려져, O는 더 이상 참을 수 없다면서 상담을 받고 싶다고 어머니에게 부탁했으므로, 어머니가 전화번호부를 찾아 어느 상담가의 치료를 받게 되었다. 이후 필자가 있는 곳으로 오기까지 반년 동안, 그곳에서 치료를 받았다.

이 일이 있은 이 후, 학교에 계속 가지 않았으므로 결국 고등학교를 중퇴하게 되었다. 또한 아무도 가까이 할 수 없을 정도로 자폐적인 상태가 되었다. 이때에는 식사도, 가족과의 대화도 전혀 하지 않았다. 그러나 본인은 이 반년 동안 치료로 상당히 건강하게 되었다고 이야기했다.

이상하게도 본인이 초등학교 고학년일 때, 우연히 텔레비전에서 모래상자 치료법을 소개하는 것을 보고 매우 인상에 남았고 나중에 이 치료를 받고 싶다고 생각했다고 한다. 벌써 그 무렵부터 정신적으로 막다른 길에 몰린 상태였던 것 같다.

후에 면접할 때, O는 학교에 있는 것만으로 상처를 입고 매우 피곤했다고 말했다. 또한 고등학교 3학년이 되어서 더욱더 건강이 좋지 않아져서 학교를 자주 결석했다. 실제로 열이 나기도하고 복통이 일어났다. 또한 방에 혼자 있을 때, 언제부터인가 자신의 몸에 칼이나 둔기로 상처를 냈다. 그것도 결코 타인이 볼 수 없는 곳에만 상처를 내고 고통을 가했다고 말했다. 정신적으로 상당히 쫓기는 상태로 매우 피곤해하는 모습이었다. 자해 행위도 계속하고 있었던 것 같다.

경과 :

**년 4월 17일 첫 번째 면접을 했다. 이후 일주일에 한 번씩 면접.

본인은 「최근 쭉 방에 틀어박혀 있습니다. 하루 내내 방에서 나오지 않습니다. 밥도 먹지 않고 벽을 향한 채 앉아 있습니다. 어머니가 방으로 먹을 것을 가져다줍니다. 그러나 며칠이 지나면 방에서 나와 보통 생활로 되돌아갑니다. 방에 틀어박혀 있을 때는 누구와도 이야기를 할 수 없게 되고, 자신이 왜 이런 식으로 되는지 모르겠습니다. 괴로워서 이제 무엇이든 던져버리고 싶어집니다」라고 말했다. 치료 초기에는 한발자국도 밖으로 나갈 수 없어서 두 세 차례 치료를 취소한 적도 있었다.

필자가 몇 차례 면접한 후의 인상으로는, O의 정신 상태가 좋지 않고 자살 기도를 하거나 일시적으로 정신병 상태에 이를 가능성도 있다고 생각했다. 그러므로 심리치료 한 가지만 할 것이 아니라 필자가 근무하고 있는 병원 외래에서 약물 치료도 병행하도록 권유했다. 그러나 O의 대답은 어디까지나 필자와의 심리치료만을 하겠다고 했다. 그러므로 필자는 각오를 하고 O에게 심리치료만을 실시하게 되었다.

**년 5월 15일에 첫 번째 풍경구성법(작품57)을 실시했다. 첫 인상은 공허한 느낌을 받았다. 전체 구성이 평평하고 폭이 그려져 있지 않아 2차원적이다. 그리고 채색이 전체적으로 거의 되어있지 않다. 왼쪽 하단은 거의 그려져 있지 않고 공백인 채로 있다. 지평선이 분명하지 않으므로 토대가 없고 기초가 없고 기반이 없는 느낌을 주고 있다. 심적 에너지가 적은 상태라고 생각되었다. 확실히 아직 O와는 심리치료가 막 시작되었을 뿐이어서 O의 심리상태가 작품57에 잘

작품57

작품58

표현 되어있다고 생각된다.

처음 면접 후 2년 지난 11월 18일에 두 번째 풍경구성법(작품58)을 실시했다. 첫 번째 그림에서 2년 이상 지나서 실시한 풍경구성법이었다. O는 주로 꿈과 모래상자를 사용하여 심리치료를 했으므로 풍경구성법을 실시하는 간격은 멀 때가 많았다. 그러나 풍경구성법의 관점에서 O의 마음이나 회복 상태가 좋다는 것을 이해할 수 있었다. 작품58은 앞의 작품57과 비교해서 집이나 밭 등이 입체적으로 그려져 있어, 이것만으로도 전체적으로 3차원적인 구성을 느낄 수 있다. 앞의 작품에서는 산의 오른쪽 부분이 끊겨져 있으나 이번 작품에서는 산 전체의 모습이 보이고 있다. 채색이 조금 더 늘었다.

그러나 왼쪽 하단의 공간은 아직 빈약하다. 아주 조금이지만 항목의 형태와 색채 그리고 전체가 입체적으로 구성된 것에서, 풍경구성법의

작품59

관점에서는 개선되고 있다고 판단할 수 있다. O자신은 처음으로 아르바이트를 시작하기도 하면서 외면적으로는 활동적으로 보였지만 내면에서의 힘이나 심적 에너지는 아직까지 충분하지 않았다.

첫 면접 후 3년 지난 12월 15일에 세 번째 풍경구성법(작품59)을 실시했다. 앞의 작품에서 약 1년이 지난 풍경구성법이었다. 도화지에서 말한다면 위쪽에, 풍경으로 말한다면 안쪽에 바다가 새롭게 그려져 있고, 전체 구성도 앞의 두 작품(작품57, 58)과 비교하면 더욱더 3차원적 요소가 증가한 듯이 보인다. 그려진 항목이 분명해져 공허감이 적어졌다. 그러므로 전체적으로 짜임새 있다는 느낌이 든다. 작품59에서 인물은 이전과 같은 막대기 상태이지만, 이들의 움직임이나 지붕 위의 검은 고양이가 여유를 느끼게 한다. 그러나 바다에는 좀 큰 파도가 치고 있어 무의식의 상태가 아직 안정되지 않았을지도 모른다.

첫 면접 후 5년 지난 3월 14일에 네 번째 풍경구성법(작품60)을 실시했다. 이것은 약 1년 반 만에 그린 풍경구성법이다. 이전 작품59와 그다지 변화 없는 것처럼 보인다. 작품60에서 보다 더 확실한 것은, O가 도로를 십자로 그리고 공간을 4등분하는 경향을 나타냈다.

사실 이 구조는 O의 모래상자에서도 같은 경향을 보이고 있다(사진1). 모래상자에서는 풍경구성법보다 한층 더 4등분하는 경향이 강했다. 작품59와 60에 있어서 4등분한 각각의 요소는 오른쪽 상단이 나무, 집, 사람, 동물, 꽃이고, 오른쪽 하단이 강, 바위이고, 왼쪽 상단이 산, 논(밭)이고, 왼쪽 하단은 이전과 같이 아무것도 그리지 않은 상태였다. 그리고 항상 제일 위 영역에는 바다가 넓게 펼쳐져있다. 작품60에서의 바다는 앞 작품59와 비교해서 파도는 조금 약해진 듯이 보인다. 상당히 안심할 수 있는 소재이면서 특징이다.

첫 면접 후 5년 지난 12월 5일에 다섯 번째 풍경구성법(작품61)을 실시했다. 전체 구성도 앞 그림과 비교했을 때 그다지 변화는 없다. 단지 바다에 새로이 배(요트)가 그려져 있다. 바다와 땅을 구분하는 제방에는 계단도 그려져 있고, 풍경의 상단 부분은 더욱 원근감이 증가해서 3차원 구성이 강화되었다.

O의 풍경구성법에 대한 관점으로는, 풍경의 윗부분이 개선되는 것에서 마음의 회복이 시작되고 있는듯하다. 이것은 O의 실제 증상개선과 어딘가 연결되고 있다고 생각된다. 실제로 O의 자해 행위는 전혀 없어지고 집에 틀어박혀있는 것도 없어지고 상당히 활기가 있게 되었다. 아직 충분하다고 말할 수 없지만 내면에서도 회복은 일어나고 있었다.

작품60

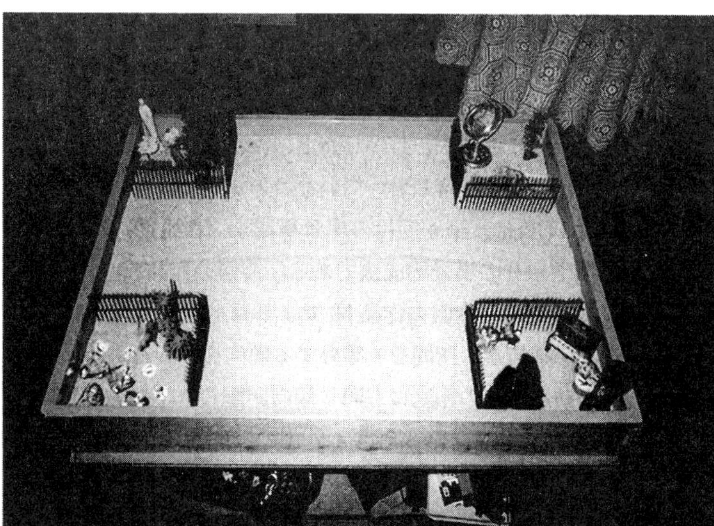

사진 1

작품61

첫 면접 후 6년 지난 10월 31일에 여섯 번째 풍경구성법(작품62)을 실시했다. 4등분의 구성은 동일하다. 앞 그림의 작품들과 비교하면 조금 원경이 된 듯한 느낌이다. 그리고 실제 풍경다운 면을 볼 수 있었다. 이때부터 침착성과 안정성을 느끼게 해 주었다고 생각된다. 풍경구성법뿐만 아니라 O자신의 상태도 함께 좋아지고 있었던 것이리라. 바다로 나아가는 빨간색의 대형 선박이 인상적이다. 오른쪽 상단 영역의 항목이 매우 증가했다. 목장도 있고 양이 그려져 있다. 그러나 왼쪽 하단부분은 이전처럼 공백 부분이 많다.

그런데 O의 풍경구성법상의 공백에 관해서는 [사례10]의 스위스인 남성 K도 처음에 왼쪽 하단이 미개발된 풍경구성법의 형식을 취했다. 이 두 사람 모두 왼쪽 하단에 문제를 안고 있다. K는 일련의 풍경

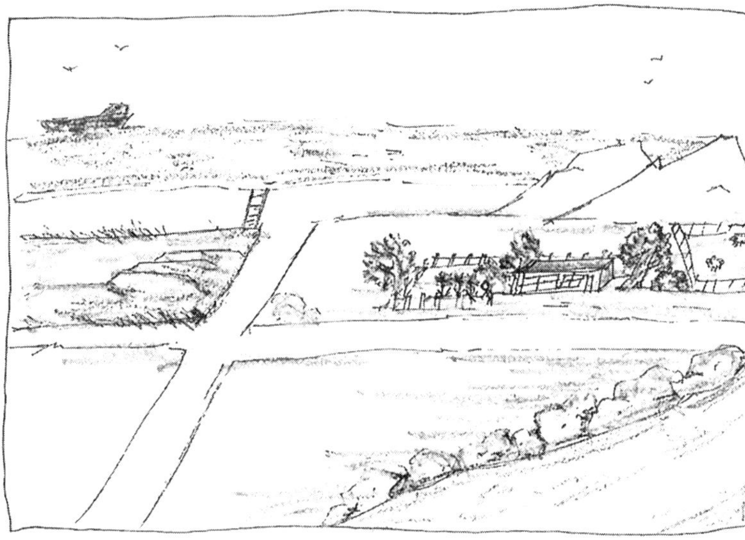

작품62

구성법의 과정에서 왼쪽 하단의 영역을 발전시켜 스스로 회복시키고 마음의 성장을 이루어갔다. O는 풍경구성법상에서는 아직 왼쪽 하단의 공백 부분을 심적으로 잘 살리지 못하고 있다. 풍경구성법상에서의 공백은 발전이 덜 되었음을 나타내고 있지만, 거기에는 발전 · 발달 · 성장의 가능성도 잠재적으로 존재하고 있다는 것을 역설적으로 나타내고 있다. 아직 보이는 형태로 나타나지는 않았지만 어떤 가능성을 숨기고 있다는 의미에서 풍경구성법상에서의 공백도 주목할 영역이고 특징이기도 하다. 필자는 풍경구성법상의 왼쪽 하단의 공백에 관해서 O가 이제부터 마음의 성장을 필요로 하고 있다는 것과 장래의 가능성을 기대하게 한다는 것을 관찰하였다.

첫 면접 후 7년 지난 5월 1일, 일곱 번째 풍경구성법(작품63)을 실시했다. 이 풍경구성법도 앞의 작품들과 같이 4등분한 구성을 하고 있다. 바다에는 두 척으로 늘어난 배가 각자 나아가고 있다. 전체적으로 원경이고 오른쪽 상단 영역이 특히 세밀하고 풍성하게 그려져 있다. 채색한 부분이 점차 늘어나고 있다. 그리고 작품61에서 63에 걸쳐서 바다에 배를 그리고 있다. 즉 파도가 높아지거나 바다가 거칠어져 배가 항해할 수 없는 것이 아니라, 바다는 배가 떠다니고 안심하고 안전한 항해를 할 수 있을 정도로 잔잔해져있다. 즉 O의 정신 특히 무의식은 작품59를 그린 때보다도 안정되었다고 생각된다. 이 사례도 강이나 바다를 무의식의 상징으로 해석해 보았다.

이 7년간의 풍경구성법의 변화를 보면 O의 회복을 일목요연하게 이해할 수 있다. 실제 O는 자신을 소중히 여기고, 자신이 살아가는

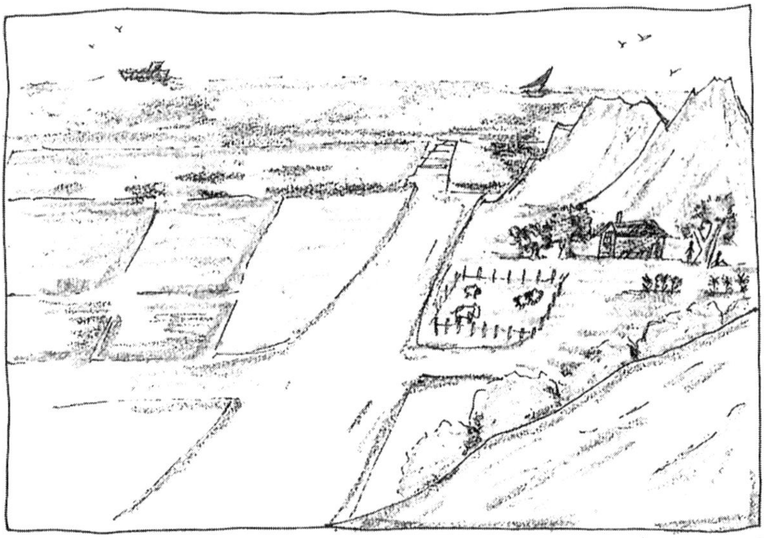

작품63

방법을 발견해 갈 수 있게 되었다.

그런데 O의 풍경구성법상의 특징이나 변화의 특징에 대해서 서술해보면, 치료의 경과와 함께 공백이 감소하고, 항목의 수나 채색하는 부분도 증가해 전체적으로 풍성한 느낌을 받게 된다. 또 첫 번째 풍경구성법(작품57)과 마지막 두 작품인 여섯 번째 일곱 번째 풍경구성법과 비교하면 2차원적인 공간에서 3차원적인 공간으로 변화하고 있어 명백한 개선을 보이고 있다. 제4장 「풍경구성법과 정신분열병(통합실조증)」 부분에서 말하고 있지만 평면적인 구성(2차원적인 공간)에서 입체적인 구성(3차원적인 공간)으로의 변화는 회복의 징후이다. O는 분열병과 같은 정신 질환이라고는 말할 수 없지만 심리치료 초기에는 상당히 정신적 혼란상태 내지 심적 소모가 현저한 상황으로, 필자는 O가 정신병상태에 이를 위험성이 있다고 보았다. 지금에 와서 되돌아보아도 O의 마음은 매우 위기적인 상태였던 것이 틀림없었을 것이다. 이러한 의미에서 회복과정에서도 풍경구성법에서도 틀림없이 O의 마음이 위기에서 벗어났던 것을 확인할 수 있다.

또한 O의 풍경구성법상의 특징은 모래상자와 같은 모양의 4등분 구조를 가지고 있는 것이다. O의 모래상자는 시종일관 사진1에 있는 것처럼 4등분한 구조이고, 네 모퉁이에 테두리를 친 영역을 만들고 거기에 특징적인 항목을 배치하는 형태를 쭉 취해왔다. 따라서 O의 풍경구성법과 모래상자는 매우 닮은 구조를 가지고 있다.

이것은 무엇을 의미하는 것일까? 이것에 대한 O의 감상은, 이 형태가 무엇보다도 본인으로서는 안심할 수 있고, 안정감을 가질 수 있고, 잘 어울리고 납득할 수 있다는 것이다. 이러한 구성을 풍경구성법에서도 모래상자에서도 똑같이 계속 만들어 갈 수 있는 것이, O에게 있어서 어떤 의미로 치료적인 방법이 되었으리라고 생각한다. 모래상자에서도 풍경구성법에서도 배치된 것이나 그려진 것의 변화는 있었지만, 4등분한 구조는 어느 시기부터 계속 변화하지 않았다. 모래상자는 처음부터 3차원적인 공간으로 준비되어있어 명백한 차원의 변화는 관찰할 수 없으나, O의 풍경구성법에서는 처음의 2차원적인 공간에서 3차원적인 공간으로 변화한 것을 보다 더 잘 볼 수 있었다.

그러나 O는 처음부터 3차원공간을 가진 모래상자에 저항을 보이지 않고 작업할 수 있었다. 이것은 O의 자아기능이 튼튼해서 모래상자에도 충분히 적응할 힘을 가지고 있었다는 것을 생각할 수 있다. 이러한 의미로 O는 회복할 힘을 가지고 있었던 것이다. 모래상자는 처음은 3차원공간이 준비되어 있지만, 배치해 가는 단계에서 대략 평면적인 2차원적인 구성으로 된다. 이것은 풍경구성법과 반대로 차원을 내리는 작용을 갖는다고 생각된다. 즉 내적으로 구성하는 방향과 반대로 퇴행하는 작용을 가지는 것은 아닐까(물론 모래를 만진다고 하는 행위에 의한 퇴행도 동반하면서)? 이것은 분열병 사람들처럼 자아가 약한 경우는 큰 부담과 공포가 되지만, 자아가 강하거나 지나치게 강한 내담자의 경우 적절한 퇴행이 무의식으로부터 자아에게로 창조적 에너지를 가져다주어, 그것이 치료적으로 작용하는 것은 아닐까라고 생각된다. 이것이 모래상자의 유효성을 강조하는 것이리라. 더욱이 O는 풍경구성법에 의해서도 모래상자 치료에 있어서도 치유력이 활성화되었다고 말할 수 있다.

7. 풍경구성법과 하늘의 변화

[사례15]

P, 남성, 20세

주된 증상 : 환각 망상상태 후의 무기력

진단 : 분열병

병력 :

**년 3월 고등학교 졸업 후 어느 회사에 근무했지만, 장시간 근무로 스트레스가 상당히 쌓이는 직장이었다. 수개월 후에도 피곤함이 없어지지 않고 불면증이 계속되었다. 기어이 일하러 갈수 없게 되고 집에 틀어박혀 있게 되었다. 그 후 몇 번이나 일을 시작하려고 노력했으나 오래 계속되지 못했고 무리가 쌓여 폐렴이 되어 버렸다. 고열이 계속되어 매우 위험한 상태가 되었지만, 어떻게 회복이 되었다. 그 후 일을 가지게 되었지만 다시 불면증이 심해지고 정신적인 상태가 나빠지게 되었다. 그리고 「몸에 전기가 흐르고 있다」, 「주위에서 자신을 지켜보고 있는 느낌이다」라는 병적체험이나 환청을 중심으로 한 환각이 나타나, 졸업한지 1년이 지난 6월에 정신과치료를 받지 않을 수 없게 되었다.

경과 :

환청이 심하고, 「뛰어 내리고 싶은 충동에 휩싸인다」라고 말해 자살할 염려도 있어 약물 치료를 중심으로 치료를 시작했다. 서서히 환청은 약해지고 불면증도 해소되어 정신적 안정이 유지되었다. 그러나 좀처럼 심적 에너지가 회복되지 않고 무기력한 상태가 지속되었다. 또한 「자신은 살아갈 가치가 없다」고 말하며 자살 생각도 예전과 다름없이 강해서, 한번 주치의를 바꿔보면 어떻겠느냐는 부모님의 권유로 필자에게 치료를 받으러 방문했다.

졸업하고 2년이 지난 2월 4일, 처음 진료할 때에는 억압되고 우울한 감정은 강했지만 안정되어 있고 병적 체험도 없어져서 정신과에서 말하는 음성증상이 주된 증상이었다. P는 특별히 필자에게 치료를 받으려고 하지 않았지만, 부모님의 권유도 있고 해서 잠시 필자에게 치료를 받아 본다는 마음으로 약물 치료는 물론이고 심리치료도 받게 되었다.

P에게는 언어를 중심으로 하는 면접이었지만, 풍경구성법도 간격을 두면서 실시했다. 여기서 P의 풍경구성법을 통해 관찰한 과정을 말하고 싶다. 특히 제목에 있는 것처럼 P의 풍경구성법 작품 속에서 하늘을 주목해서 고찰하고자 한다.

원래 풍경구성법에서 하늘을 지시하는 항목은 없다. 풍경구성법에서 하늘은 간접적으로 생겨난 공간이다. 차례로 지시받은 항목을 추가하여 그리면 테두리가 생기면서 우연히 만들어진 위쪽에 위치하는 하늘을 의미하는 공간이다.

그러나 직접 그리지 않은 만큼 거꾸로 하늘이 어떻게 표현되어 있는가에 필자는 주목한 것이다. 전혀 하늘이 없는 풍경인가, 뚫려버릴 것 같은 푸른 하늘인가, 태양이 쨍쨍 내리쬐는 하늘인가, 흐린 하늘인가, 창공에 한가로이 구름이 떠다니는 하늘인가 등으로 여러 가지가 있다. 어떤 하늘이 좋고 어떤 하늘이 나쁜지, 어떤 하늘이 예후가 좋은지, 어떤 하늘일 때 정신적으로 악화되는 예후인지를 알아야만 할 것인가?

적어도 이상과 같은 마음 상태를 단적으로 판단하기 위한 풍경구성법상의 하늘 모양이라는 것은 없다고 말할 수밖에 없다. 그러나 날씨와 같은 하늘의 상황은 어느 정도 그린 사람의 마음 상태를 관찰하는데 도움이 된다고 생각한다. 받는 사람의 인상이나 느낌에 의한 것도 있어서 정확하다고는 말할 수 없지만, 무엇인가 마음 상황을 아는데 도움이 된다고 생각한다. 실제적으로 풍경구성법에서 하늘이 묘사된 방법이나 상황을 보는 실천가나 임상가는 많다고 생각한다.

그러므로 P의 풍경구성법에 그려진 하늘의 특징이나 변화를 보면서 고찰해 보자.

졸업 후 2년 지난 2월 11일, 첫 번째 풍경구성법(작품64)을 실시했다. 하나의 산위에 모든 항목을 그려 넣고 있다. 하늘을 형태로 만들고

작품64

있는 공간은 넓지만, 실제로 하늘은 아니라는 느낌이 든다. P는 의식해서 하늘을 표현하고 있지 않다. 우연히 위쪽에 비어있는 공간에 지나지 않는다. 태양이 눈부시고 강렬한 느낌이 든다. 하늘에 해당하는 공간에 색칠하지 않은 점도 있지만, 태양이 직접적으로 세상을 비추고 있는 듯해서 너무 뜨거워 견디기 힘들지 않을까 걱정이 된다. 필자의 인상으로는 표면상으로 직접 나타나지 않았지만, 아직 이 무렵은 병적 체험의 기세가 남아 있어 불안정했다고 생각된다.

졸업 후 2년 지난 8월 5일, 두 번째 풍경구성법(작품65)을 실시했다. 작품65는 앞의 그림 작품64와 동일한 구성이다. 그러나 하늘에는 태양이 사라졌다. 하늘에 색칠하지 않고 왼쪽에서 태양이 쨍쨍 내리쬐이고 있는 하늘이라면, 태양이 없는 편이 훨씬 안심할 수 있는 느낌이

작품65

든다. 이런 의미로 작품65의 하늘은 태양이 사라지고 새가 무리지어 날고 있어, 작품64와 비교했을 때 하늘다워지고 또 안심할 수 있는 하늘로 되어가고 있다. 내적인 상황도 개선되고 있다고 생각된다.

졸업 후 2년 지난 10월 21일, 세 번째 풍경구성법(작품66)을 실시했다. 앞의 두 작품과는 조금 다른 구도로 변화했다. 산이 3개가 되고 하늘이 하늘답게 되고 구름도 2개가 떠다니고 있다. 하늘의 구성이 전체 구도가 변화함으로 무리 없이 표현되었다고 생각된다. 하늘은 채색되지 않았지만 구름이 있음으로 하늘이 뚫려버릴 것 같은 불안이나 불안정감이 가려져 감소되고 있는 것 같다.

풍경구성법에서 구름도 하늘처럼 지시하는 항목은 아니다. 그러나 구름의 존재 자체가 어떤 안정감을 느끼게 한다. 평범한 정신을 훨씬

작품66

뛰어넘는 정신병상태와 같은 체험은 어딘가 하늘을 꿰뚫어버리는 이미지와 결부되어 치료자가 불안해질지도 모른다. 그러므로 하늘에 구름이 떠있는 것을 보면 어쩐지 안심이 된다. 하늘과 땅이 직접 닿는다는 불안이 구름에 의해 상당히 완화된 것처럼 생각된다.

졸업 후 3년 지난 1월 6일, 네 번째 풍경구성법(작품67)을 실시했다. 이 작품에서는 더욱더 풍경다워지고 드디어 하늘을 색칠하고 있다. 산이 5개로 연이어 그려져 있다. 산 정상에 로프웨이가 뻗어 있는 것을 보면, 한숨에 빨리 올라가고 싶어 하는 P의 초조한 마음이 나타나 있어 조금은 걱정이 되지만 왠지 안정되어갈 것 같다. 빨리 일하고 싶어 하는 마음이 표출되어 이 무렵은 초조한 마음이었음을 알 수 있다.

작품67

하늘을 최초 작품과 비교하면 작품67은 충분히 하늘 구성이 되어 있다. 이러한 하늘의 변화가 P의 마음의 회복과도 호응하고 있는 듯하다. 때때로 P의 풍경구성법에서 하늘에 주목했지만 다른 사례에서도 하늘이 어떤 마음의 상황과 호응하고 있거나 관계하고 있다고 생각된다.

따라서 주목할 만한 여러 가지 항목이 있지만, 지시하지는 않았더라도 풍경을 구성하고 있는 중요한 요소인 하늘도 관찰해봤으면 하는 생각을 했다. 아마도 큰 영향을 주고 있지는 않더라도 어떤 흥미로운 견해가 나타날 수 있을지도 모르겠다.

P는 서서히 무기력에서 일어서서 거의 완전히 심적 에너지를 되찾아 일하러 갈 수 있게 되었다. 아직 내면에서 뛰어넘어야 할 문제가 많이 남아있지만, 지금 상태로도 사회로 나갈 수는 있게 되었다.

---

1) Bach, S. : *Life Paints Its Own Span-The significance of spontaneous pictures by severly ill children-,* Daimon.1990(老松克博・角野善宏 역 『생명은 그 생애를 그린다 - 중병환자 어린이가 그린 자유화의 의미, (生命はその生涯を描く一　　重病の子どもが描く自由画の意味) 』誠信書房,1998년)
2) Bach, S. 1 앞의 역서
3) Bach, S. 1 앞의 역서
4) Isaac-Kassof, R.: *Guided Picture Series and the Role of The Helper as Midwife,* Diploma Thesis C.G.Jung Institute, Zurich 1982.
5) Bolander K.: *Assessing Personality Through Tree Drawing.* Harper Collins Publishers Ind. 1977.(高橋依子 역 『나무그림에 의한 개성화의 이해(樹木画によるパーソナリティの理解)』ナカニシヤ出版, 1999年)
6) 皆藤章 : 風景構成法 ── その基礎と実践. 誠信書房, 1994年

제 6 장
나무그림

필자는 풍경구성법과 병행해서 나무그림도 미술치료법으로서 즐겨 사용하고 있다. 때에 따라서는 풍경구성법을 실시하기 전에 그리는 사람의 마음을 알고 싶어서 실시하기도 한다. 또한 치료과정을 종단적으로 보기 위해, 풍경구성법과 병행하여 그리게 하는 경우도 있다. 이러한 의미에서 필자는 실제로 그리는 사람을 미술치료법으로 이끌기 위한 최초의 작업으로 우선적으로 나무그림을 실시하는 때가 많다. 처음부터 갑자기 풍경구성법으로 인도하게 되면 풍경구성법이 안전한 미술치료기법이긴 해도 조금 주저하게 된다. 그러므로 우선 나무그림을 먼저 실시하여 그리는 사람의 심리를 보고 싶기 때문이다.

필자는 나무그림을 그리게 할 때, 제2장에서 말했듯이 우선 사인펜으로 나무를 그리도록 하고 그 후 채색하도록 한다. 왜냐하면 나무의 모습과 색조 둘 다를 관찰하고 싶기 때문이다. 그렇게 하는 것이 그림에서 더 많은 정보를 얻을 수 있다고 생각하기 때문이다.

또한 바움 테스트처럼 연필만으로 그리게 하는 것보다 채색을 하도록 하는 것이, 나무 그 자체에 에너지를 불어넣듯이 생명감을 더 느끼게 해준다고 생각한다. 따라서 심리치료법으로서는 색채를 넣어도 좋지 않을까 생각한다. 그러나 심리진단으로서 나무의 골격을 확실하고 선명하게 보이도록하고, 흡사 에스선 촬영처럼 채색하지 않는 바움테스트도 필요한 미술치료기법이다.

지금부터 실제로 그려진 나무그림을 활용해서 사례와 그 경과를 설명해 보고자 한다. 나무그림을 그린 사람은 역시 모두 풍경구성법에서도 이용한 사례이다.

[사례1]

A, 남성, 21세

A는 대학재학 중에 발병한 파과형 분열병으로 진단받았다. 신과의 교신이 가능하다고 한다든지, 종교적인 각인을 태어나면서부터 받았다고 한다든지, 일부 환청에 좌우된 행동이 보였다.

작품68은 치료시작 후 1개월 만에 그린 나무그림이다. 당초 A는 거의 이야기해주지 않았으므로 그림으로 표현할 수 있는 세계를 알고 싶었다. 그림을 그린 후에도 아무 것도 말하지 않았다. 그러므로 A에게서 이 그림의 이미지나 연상은 들을 수가 없었다.

따라서 필자의 감상이나 이미지를 말하려고 한다. 나무 위치는 왼쪽 하단에 위치하고 있다. 무의식의 영향을 강하게 받아 그 지배 아래 놓인 것 같이 느껴진다. 자아가 충분한 기능을 할 수 있는 상태가 아닌 듯하다. 즉 아직 정신병체험으로 크게 좌우되고 있는 듯하다. 보란다[1]는 용지의 왼쪽 하단에 그려진 나무에 대해서, 「억압되고 우울하거나 낮은 자기 이미지의 표시이다. 대부분 미래를 두려워하고

작품68

자기발전을 위해 노력하는 준비가 되어 있지 않다」고 말한다. 또한 수관은 황록색이고, 나무 전체가 약간 약한 느낌을 주고 있다.

그 후의 경과로 A는 환청에 좌우되어 자살기도를 하기도 하고 망상이 일시적으로 강하거나 불안정하게 될지도 모른다. 그러나 치료관계가 좋아지고 말에 의한 면접도 잘하게 되어 상당히 안정되어 갔다.

작품69

작품69는 작품68을 그리고 약 2년 후에 그려진 나무그림이다. 두 그림을 비교해 보면, 위치는 똑같이 왼쪽에 치우쳐져있다. 그러나 이번의 나무그림이 훨씬 크게 그려졌다. 수관도 줄기도 크게 성장해 있다. 그리고 좀 더 특징적인 차이는 이번 나무 수관의 오른쪽 위에서 절반이상 되는 부분이 짙은 녹색으로 변화한 것이다. 이전의 수관은 전부 황록색 한 가지로 엷은 녹색의 인상을 받았다. 이번의 수관이 짙은 녹색으로 변화한 것은, A의 생명력 즉 심적 에너지가 증가한 것을 나타내고 있다. 오른쪽 상단 부분이 짙은 녹색으로 변화했다는 것은 현실이나 의식의 세계로 향하는 강력한 면과 A로부터 높은 수준의 에너지를 느낄 수 있었다. 나무의 위치가 왼쪽 하단에 있다는 점에서 아직 정신증상에 좌우되어 있는 점은 있지만, 그러한 상황 속에서 A의 자아는 조금씩 성장하고 현실을 향하는 힘을 기르고 있다는 것을 이 그림에서 확실히 이해할 수 있다. A의 풍경구성법과 마찬가지로 이들 나무그림도 A의 상황을 단적으로 표현하고 있다.

두 장의 나무그림에서도 종단적인 변화를 봄으로써 확실히 A의 내적인 변화나 성장을 확인할 수 있다. 그림이 정신과적 진단에 대해 공헌하는 것은 그다지 기대할 수 없더라도 심리적이거나 내적인 모습을 꿰뚫어보는 것은 충분히 도움 될 수 있다. 이것은 환자의 참 모습이고 병적인 체험과는 다른 차원에서 이 사람을 진실하게 비출 수 있다고 확신한다. 거기에는 정신병 증상을 가지고 있으면서도 내적으로 성장 발전하려는 마음자세가 비쳐지고 있다고 생각된다. 그림을 이러한 관점에서 보아가면 아무리 붕괴되어가는 나무라도 어딘가 살아남으려고 하는 부분이 있기도 하고, 확실하게 성장하고 있는 부분을 발견할 수 있다. 이것이 즉 치료적인 관계가 되어 환자에게 보다 더 좋은 영향을 준다고 생각한다. 어떠한 그림에 대해서도 항상 존경하는 마음과 조심스러운 마음을 가지고 접하는 것은 어떤 치료에서도 기본이기 때문이다.

[사례2]

B, 남성, 17세

B의 주증상은 환각에 의한 혼미와 흥분, 불면과 거식이고 진단은 급성정신분열증이었다. B의 최초의 나무그림(작품70)은 두 번째 풍경구성법을 실시한 같은 시기였다. 이때 B는 아직 정신상태가 안정되어 있지 않을 때였다. 작품70은 뿌리가 충분히 발달되어 있지 않아서 4개의 뿌리가 나와 있을 뿐이다. 그리고 뿌리도 줄기의 가지도 채색

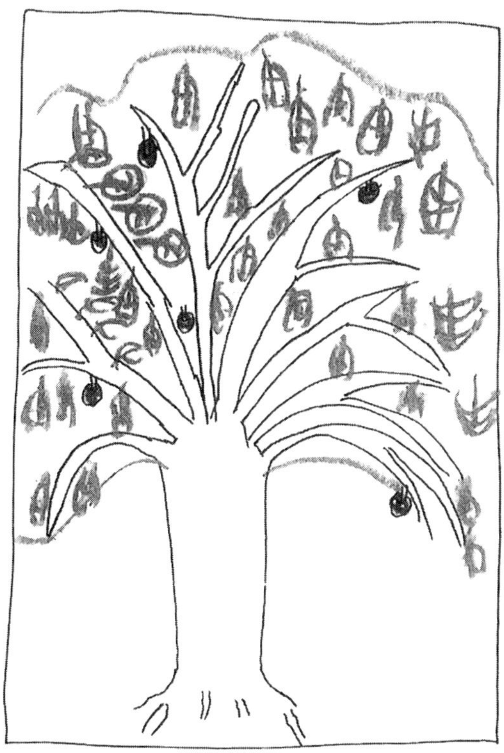

작품70

되어 있지 않다. 잎의 한 무리를 구성하고 있는 수관은 너무 커서 양쪽이 잘려 있다. B의 과대적인 사고나 그리고 체계화된 망상이 자아라는 틀을 넘어 넓어지는 경향을 나타내고 있는지도 모른다. 그러나 수관에 잎을 녹색으로 많이 그리고 있고, 사과 열매가 6개나 달려있다. 녹색은 생명력을 나타내는 색이고 적색은 에너지를 느끼게 하는 색이다. B에게는 지금부터 새로운 삶 속에서 결실 있는 생활을 할 가능성을 기대할 수 있다.

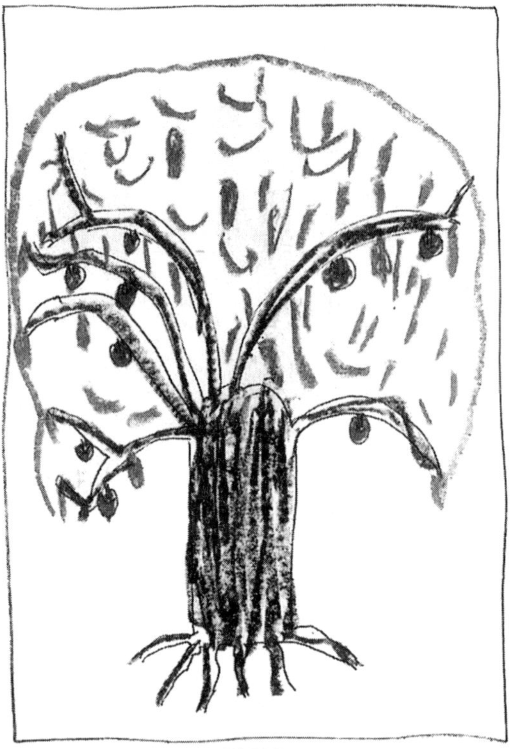

작품71

작품71은 세 번째 풍경구성법을 실시한 같은 시기에 그리도록 한 나무그림이다. 앞에 그린 작품70보다 약 1년 반 지난 후에 그린 것이다. 작품70과 비교하면 뿌리가 6개로 증가해 있다. 뿌리, 줄기, 가지는 갈색으로 채색되어 있다. 갈색은 대지의 색이고, 지하에서 풍부함을 지탱해주는 가능성을 기대할 수 있는 색이다. 그리고 수관의 넓이가 테두리 안에 들어가 있다. 앞의 그림보다 거칠지만 잎은 녹색으로 그려져 있고 사과 열매가 9개로 증가했다. 작품71은 앞의 그림보다 더욱더 정돈되어있고 생명력을 느낄 수 있는 나무그림이다. B의 증상은 확실히 아직 충분히 안정된 상태는 아니었다. 그러나 병적 체험은 거의 없어지고 있었다. 이후 조금씩 회복해 가겠지만 작품70, 71은 그러한 경과를 기대할 수 있는 특징을 가지고 있는 것으로 생각된다.

[사례3]

C, 남성, 27세

진단은 만성정신분열병이다. C가 필자에게 와서 치료를 시작한 것은 발병하고 나서 5년 정도 지나서였다. 망상이 만성적으로 C를 지배하고 있었다. 가족이 알게 된 것 은 C가 먼 곳에서 아르바이트를 계속할 수 없게 되어 귀향하고 난 다음이었다.

작품72는 치료초기 첫 번째 풍경구성법을 실시한 같은 시기에 그린 것이다. 놀라운 것은 뿌리와 수관이 없고 줄기뿐이다. 특히 수관이 되는 녹색 부분이 전혀 그려지지 않고 잘려져 있다. 본래의 나무 모습이 아니라 매우 부자연스러운 나무그림이다. [사례2]와 같이 과대망상적인 세계에 강한 영향을 받고 있는 것을 이해할 수 있다. 확실히

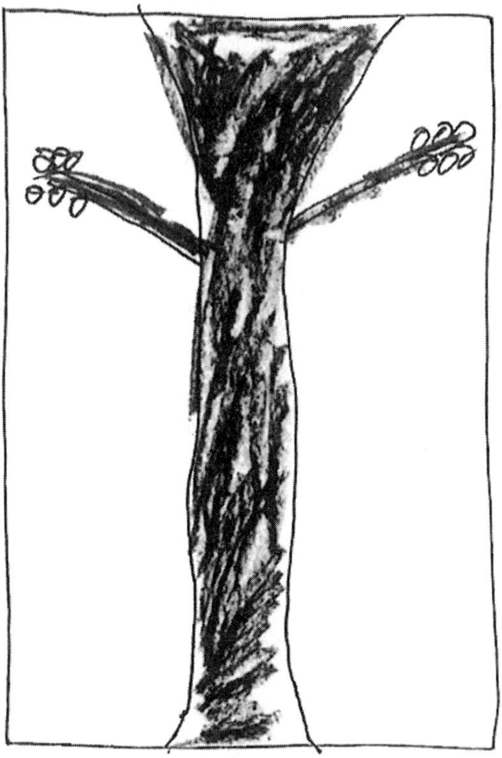

작품72

이 시기에는 C가 망상에 영향을 받아 기이한 행동을 많이 했다.

작품73은 작품72를 그린 후 반년 지나 그린 나무그림이다. 앞 작품72와 비교하면 수관이 아래 3분의 1까지 그려져 있다. 앞 작품과 똑같이 뿌리는 밑 부분에서 잘려져 있다. 줄기부분은 앞 그림의 짙은 갈색에서 적갈색으로 변해있다. 수관의 아래 3분의 1 정도 되는 부분도 선명한 녹색으로 채색되어 있어, 앞 작품72보다 훨씬 생명력이 느껴지

작품73

고 나무의 전체상을 조금씩 볼 수 있게 되었다. C의 회복을 조금 느낄 수 있었다. 특히 C의 망상적인 경향은 조금 감소한 것이 아닐까하고 생각되었다.

작품74는 작품73을 그리고 4개월 뒤에 그려진 나무그림이다. 겨우 전체 나무를 그리게 되었다. 뿌리는 변함없이 잘린 채 그려져 있다. 형태는 단순하고 특징을 그다지 느낄 수 없다. 수관의 형태가 트럼프의 스페이드를 닮았다. 또한 위로 뚫고 나갈 것 같은 느낌을 주고

작품74

있으므로 다시 수관을 그릴 수 없게 될 가능성을 시사하고 있다. 확실히 경과가 지남에 따라 나무그림은 개선되고 있는 듯 하지만, 역시 최근 작품74에서도 간단하고 특징 없는 수관이나 줄기를 보면 앞으로의 회복의 어려움을 느끼게 한다. 그러나 이 시점에서 상당히 망상적인 사고 경향은 줄어들었다고 생각된다. 그렇지만 일단 치료되고 있는 C의 망상도 재차 활동할 가능성이 있지 않을까라고 필자는 이 시점에서 생각하고 있었다.

C의 일련의 나무그림인 작품72, 73, 74는 C의 망상에 관련된 내용과 관계가 있지 않을까 생각된다. 이러한 사고가 가능하다는 점에서 풍경구성법과 병행한 나무그림은 종단적으로도 효과가 있고 매우 흥미로운 미술치료법의 하나이다. 또한 1년 사이에 C의 나무그림이 상당히 변화한 것에 놀랐다. 일련의 작품에서 C의 병증상이나 회복과정의 변화에 대해 지금까지 말한 이상의 더 많은 것을 이해할 수 있게 되었다고 생각했다.

[사례4]

D, 남성, 17세

D는 주증상이 환각 망상으로 혼미에 가까운 상태를 나타내고 있었다. 그리고 진단은 파과형분열병이다. 특히 D는 눈에 띄는 변화도 없이 고등학교까지는 이상을 느끼지 않았다. 고등학교 3학년(17세)이 된 무렵부터 때때로 불러도 대답하지 않고 어딘가 한곳을 바라보며 멍하게 있는 때가 있었다. 그 무렵부터 갑자기 성적이 내려가기 시작했다. 그리고 서서히 환각망상상태에 이르러 입원하게 되었다.

작품75는 입원 후 반년 지나 그린 나무그림이다. 전혀 나무라고 판단할 수 없는 나무그림이다. 뿌리가 밑에서 잘려져 있고, 수관이 둥글고, 줄기도 단순한 두 선으로 그려져 있다. 색채도 황색 한 가지로 되어있다. 줄기에는 도로처럼 중앙분리대가 그려져 있다. 수관에는 가지나 잎 같은 것이 전혀 그려져 있지 않다. 작품75는 나무라고 인식하기에 어려운 그림이다. 필자는 특히 D가 「페니스가 발기해 기분 나쁘다」라고 신체 증상을 호소하고 있었으므로, 이 작품75를 볼 때

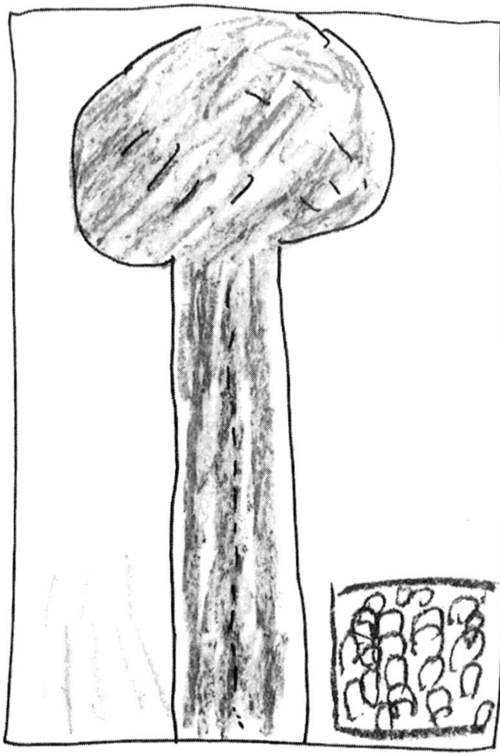

작품75

페니스를 연상했다. D는 자신의 성적 성장에 관해서 어딘가 당혹함과 그것에 관한 자신의 혐오감을 가지고 있었다. 이 생각이 나무를 그릴 때에도 영향을 주게 된 것이었을까? 오른쪽 하단과 왼쪽 하단에는 지시한 이외의 것도 그려져 있다. 작품75를 그린 시점에도 D는 현실검증능력도 병적인 상황에서의 회복도 아직 완전하지 않다는 것을 이 나무그림에서 이해할 수 있다.

F, 여성, 33세

F는 외국 남성과 결혼해서 해외생활을 하고 있던 일본인이다. 그런데 풍경구성법에서도 F에 대해 말했지만, F의 내면에서 상당한 혼란이 있는 모습을 풍경구성법에서 엿볼 수 있었다. F에게 풍경구성법을 실시함과 동시에 나무그림도 실시했다. 그것이 작품76이다. 이 작품76에서도 필자는 놀라움을 금할 수 없었다. 그것은 F의 외모로는 상상할 수 없을 정도로 약한 나무였기 때문이다. 우선 잎이 여섯 장 정도밖에 없다. 모든 가지가 도중에 끊어진 것 같이 보인다. 무언가 지금 시점에서 F의 정신적인 성장이 정지된 듯한 느낌이었다. 또한 뿌리 부분이

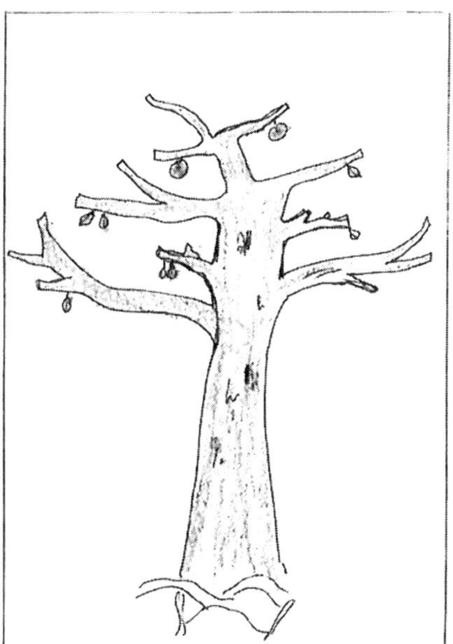

작품76

서로 얽혀있고 복잡하게 그려져 있다. 뿌리에는 땅이 없고 채색도 되지 않았다. F 성격의 뿌리 부분이나 본능적인 부분에 어떤 복잡한 문제라도 있는 것일까? 역시 문화의 상이함에 의해 F의 마음 깊은 단계에서 혼란을 겪고 있는 것일까? 열매가 두 개 있지만 어떻게 보더라도 기운을 느낄 수 없고, 심적인 에너지가 매우 떨어져 있는 것을 알 수 있다. 환경에 의해 F는 상당히 혼란스럽고 활동력이 떨어져 있음이 틀림없으리라. 여기에서도 재차 F에게 충분한 정신적인 지지가 필요하다는 것을 인식할 수 있다.

[사례7]

H, 남성, 17세

H는 주증상이 환청을 중심으로 한 환각과 망상상태이고 때때로 흥분도 했다. 진단은 정신분열병이다. 중학교를 졸업하고 곧 취직했으나 거기서 잘 해나가지 못하고 일 년 남짓 집에 틀어박혀서 생활하게 되었다. 수개월 후 환청이 나타나고 매우 난폭해졌기 때문에 필자가 근무하는 병원에 긴급히 입원했다. 입원 후 안정은 되찾았으나 퇴원요구가 강했다. 환청도 가끔씩 계속되었다.

작품77은 입원 후 며칠 지나 그린 나무그림이다. H는 이 작품77을 주어진 도화지를 구태여 옆으로 90도 돌려서 그린 것이다. 보란다는 「용지를 옆으로 해서 나무를 그리는 것은, 자신에게 직접적인 환경에 만족을 느낄 수 없는 태도를 나타내고 있다. 내가 자기 자신을 바꿀 이유는 없다. 주위 환경이 나의 요구에 맞춰야 된다고 항상 생각하고 있다. 또한 젊은 사람의 그림에서는 공상 세계로의 현저한 도피 경

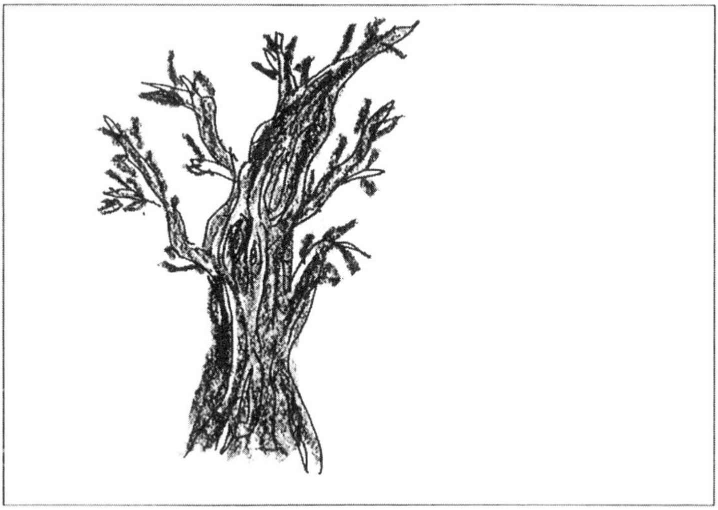

작품77

작품78

향의 가능성도 생각할 수 있다」[2)]고 말하고 있다. 이것은 H가 긴급 입원하게 된 상황이나 강한 퇴원요구를 잘 말로 표현하고 있다고 생각된다. 또한 그려진 나무의 위치가 중심보다 왼쪽으로 치우쳐있다. 이것은 역시 H의 성격 경향이 내향적이고 자신의 이미지가 낮음을 느끼게 한다. 또한 정신병에 의해 무의식의 강한 영향을 받고 있는 것도 생각할 수 있다.

그러나 나무방향이 오른쪽으로 향해있는 것은 의식의 방향으로 흐르고 있음을 느끼게 해준다. 이것은 장차 회복에의 지향성을 나타내고 있는 것 같아서 H의 경우 긍정적으로 평가할 수 있다. 녹색이 적은 것이 조금 신경 쓰이지만, 이 무렵에 H에게 심적 에너지가 없는 것을 생각하면 당연한지도 모른다. 줄기의 밑동과 중간 정도에 몇 개의 마디가 있는 것을 관찰할 수 있다. 이것은 H가 지금까지 성장 과정의 초기나 중기에서 몇 번인가 괴로운 위기상태가 있었던 것을 엿볼 수 있다. 또한 수관이 빈약하고 줄기 끝부분이 가늘게 되어있는 것은 앞으로의 성장에 어떤 분명한 지장이 있을 것을 느끼게 한다.

그 후 2개월 후에 나무그림 작품78을 그렸다. 이 그림도 H는 도화지를 옆으로 90도 회전시켜 그렸다. 앞 작품77과 비교하면 키가 조금 작아졌다. 그러나 위치가 중앙이고 앞 그림의 울퉁불퉁한 나무모습이 조금 여유 있는 모습으로 변화되어 있다. H의 정신이 위축되었다기보다 H자신이 입원이라는 환경에서 그다지 저항하지 않게 된 느낌이다. 이즈음은 병 증상도 안정되고 확실히 퇴원요구도 없어졌다. 다만 가지의 뻗어나가는 정도가 앞 작품보다 나빠져서 위축된 듯한 기분이다.

[사례10]

K, 스위스남성, 32세

주된 호소는 억압되고 우울한 감정이었으나 내면에는 여러 가지 문제를 안고 있었다. 아내와의 관계, 자신의 민족적인 정체감, 그리고 직업이나 생활에서의 자신감 상실 등의 문제가 존재해 있었다.

구체적으로 K는 부모가 독일에서 이민 왔고, 아버지는 할아버지 때부터 그리스도교 프로테스탄트 목사였다. 그는 엄격한 아버지와는 맞지 않아 출판 관련 직업에 종사했다. 옛날부터 지금까지 그는 아버지와의 관계로 괴로워했고 아버지의 종교를 계속 부정해 왔다. K의 아내는 유대계 미국인이고 K는 독일계 스위스인이므로 서로의 관계 속에서 자신의 정체성이 어디에 있는지를 고뇌해왔다. 이와 같은 것을 염두에 두면서 그와의 심리치료를 시작했다.

작품79는 면접 초기에 그린 나무그림이다. K는 사인펜을 사용하지 않고 직접 크레파스로 그리기 시작했다. 윤곽도 채색도 크레파스로 단숨에 그렸다.

이 나무그림을 그렸던 그는 참으로 즐거운 듯 막힘없이 그림을 완성시켰다. 평소에 조금 근심 있는 듯한 표정과는 다르게 생생한 약동감을 느끼게 했다. 필자는 그가 그림 그리는 것을 좋아하는 것과, 그림 속에 여러 가지 메시지가 포함되어있는 것을 알았다. 그가 나무그림에서 이미지를 떠올리며 말한 것은, 전체의 계절이 가을이라는 것과 색에 대한 이미지였다. 계절이 가을이라고 생각한 것은 기분이 가라앉아 있으므로 곧 겨울이 올 것 같은 느낌에서였다. 색에 대해서는 주황색과 갈색과 청자색을 섞어서 줄기를 칠했다고 말했다. 그는 나무줄기의 색채에 대해서 특히 청자색에 주목했다. 그리고 점점 이미지를

작품79

떠올리면서 이 청자색은 그에게 있어서 종교에 관한 색이라고 말했다. 바하도 교회에서나 종교적인 색으로 자주색을 사용한다고 말하고 있다[3]. 그러면 K의 나무줄기에는 줄곧 거부해왔던 종교의 흐름이 순수하게 존재하고 있는 것을 확실히 읽을 수 있지 않은가! 필자에게도 K에게도 그것은 이 나무그림과 K의 이미지에서 납득할 수 있었다. 아무리 의식적으로 아버지나 그 종교를 싫어해도, K의 내면에는 그 종교 곧 아버지(부성이라 말해도 좋다)가 끊임없이 계속 살아있는 것이다.

나무그림, 풍경구성법 그리고 면접이 계기가 되어, K에게 아버지와의 관계나 그 종교 활동을 다시 한 번 직면하게 되는 태도가 나타나기 시작했다. 그 후 K는 아버지의 종교 활동에 관한 출판을 전부 도맡아 하는 일에 종사하게 되었다. 또한 장래에는 할아버지 세대부터 이어온 목사의 일을 이어서 할 가능성도 고려하게 되었다.

필자는 청자색뿐만 아니라 다른 색에도 의미가 있다고 생각한다. 더구나 K가 사용한 주황색이나 갈색뿐만 아니라 그 외의 색도 줄기에 포함되어 칠해져있다. 이 여러 색은 K의 내면을 구성하고 있는 정체성이 한 가지 색만이 아니라 여러 가지색으로 구성되어 있는 것을 의미하는 것이다. 정체성이 혼란하다는 것이 아니라 K의 내면에 각각 잘 살아있어 여러 가지 가능성이 실현되어 갈 수 있다는 생각을 했다.

이 나무그림을 분석해 보는 것도 큰 흥미가 있으므로 시도해 보고자 한다. 우선 나무의 위치가 왼쪽으로 치우쳐있다. 이것은 K의 내향적인 성격이나 현재의 억압되고 우울한 상태에 있는 열등감을 나태내고 있는 듯하다. 보란다는 나무 위치에 관해서, 지배적인 어머니의 강한 영향아래서 성장한 사람에게 나타나는 특징적인 정서의 불균형으로 볼 수 있으며 이것은 자주 부부관계를 잘 유지할 수 없는 것을 나타낸다고 말하고 있다[4].

확실히 그는 어릴 때부터 아버지와의 관계는 서먹했지만 어머니와의 관계는 친밀했다. 그도 어머니의 영향을 강하게 받은 것을 인정하고 있고 문제시하고 있다. 확실히 이 견해는 그에게 아주 적합했다. 그렇지만 현실에서는 아버지와의 관계도 호전되었고 어머니와의 관계도 충분히 직시하고 있다. 무엇보다 이 나무그림에서 특징적인 부분은 네 개의 큰 가지이다. 특히 오른쪽으로 크게 뻗혀있는 두 개의 가지에는 많은 주황색이 열매가 있어 풍성함을 느끼게 한다. 한편 왼쪽 두 개의 가지는 빈약해서 그다지 열매가 달리지 않는다. 융 심리학에서 말하면[5] 오른쪽 두 개의 가지는 그의 우월기능이고, 왼쪽 두 개 가지는 그의 열등 기능이리라. 가지가 그의 각각 정신기능을 상징하고 있다고 생각된다. 그는 사고와 감각에 뛰어났으므로 우월기능에 해당하고, 감정과 직관이 그의 열등기능이 되리라. 이와 같이 분석할 수도 있지 않을까 생각해본다. 무엇보다 왼쪽에 위치하고 있는 가지가 그의 감정기능이리라. 스스로의 감정을 가지고 사물을 판단하는 것이 서툴렀고 지나치게 환경에 맞추어 항상 사물을 인지적으로 파악하려는 점이 있었다. 그렇기 때문에 감정의 기능이 필요하게 되어도 잘 사용하지 못하고, 정서적으로 격해져버리는 경향이 있었다. 그러나 이 나무그림에서는 가장 왼쪽에 위치하고 있는 가지 밑 부분에 녹색의 싹이 세 개 있다. 이것은 그의 열등기능인 감정에 새로운 가능성이 싹트고 있는 것을 나타내고 있다. 그의 상황은 우울한 상태인 가을에서 겨울로 나아가고 있지만, 인격의 밸런스가 좋아져서 앞으로의 인격 발달을 기대할 수 있는 그림이다. K의 경우 나무그림을 인격의 발달이라는 관점에서 해석해도 매우 흥미로운 일이다.

[사례11]

L, 미국인 여성, 29세

L의 주된 호소는 불안과 고독감이고, 진단은 알콜의존증과 억압되

작품80

고 우울한 상태였다. L은 미국인으로 스위스 남성과 결혼해 스위스로 간 후 곧바로 알콜의존증이 되고 말았다. 그래서 스위스 알콜의존증 자조단체의 소개로 필자에게 심리치료를 받게 되었다. 작품80은 면접 초기의 나무그림이다. L도 H가 그린 작품77, 78과 같이 용지를 옆으로 돌려서 나무를 그렸다. 이것은 타국 환경에 적응할 수 없는 괴로움에서 자신의 직접적인 환경에 만족을 느낄 수 없는 태도를 나타내고 있는지도 모른다[6)].

우선 작품80에 대해 놀랄 일은 나무는 도화지 중앙에 그려져 있지만 도화지의 크기에 비하면 작다. 그리고 그림선의 터치가 매우 약하다는 것이다. 금방이라도 없어질 듯한 그림선이다. 이것은 L의 열등감이 큰 것, 내면의 안전감이 결여된 것, 성격의 유약함을 여실히 드러내고 있다. 이 나무그림에서 알 수 있는 것처럼 자기평가가 낮음으로 해서 알코올에 빠지는 것도 무리가 아니라고 이해할 수 있다. 나무그림은 그리는 사람의 문제점을 거침없이 표현하는 힘도 가지고 있다.

[사례13]

N, 남성, 45세

주된 증상은 자살 기도와 극단적인 공포이다. 남동생이 자살한 이후 성격이 극단적인 내향성이 되어 버렸다. 그 이후 회사에서 기이한 행동이 두드러졌기 때문에 정신과 외래에서 통원 치료받게 되었다. 그 후 외래에서 치료 받는 도중에 갑자기 집을 뛰쳐나가 행방불명이 되었다. 이틀 후 공원에서 자살하려고 목을 매달려고 하는 것을 경찰에게 보호되어 곧바로 병원에 입원하게 되었다. 진단은 잠재성 정신병이다. 입원하고 1개월 반 후에 첫 번째 나무그림(작품81)을 그렸다. N의 풍경구성법에서도 그랬지만 나무그림에서도 연약함을 느낄 수 있었다. 작품81의 특징적인 것은 땅이 왼쪽에서 나와 오른쪽으로 연결되지 않고 도중에 끊어진 상태인 것이다. 이것은 안정감이 부족하다. 또 풍경구성법에서는 채색이 적었으나, 이번 나무그림은 채색하도록 재촉했음에도 불구하고 전혀 채색하지 않았다. 줄기가 약하고 길며 흔들리고 있다. 가지도 마찬가지로 흔들리고 있다. 특징적이고 주목할 부분으로서 잎이 위로 쑥쑥 서있는 것이다. 이것은 N의 감각이 비정상상적으로 고양되어 있고 안테나처럼 여러 가지 감각을 포착하는 상태에 있는 것을 나타내고 있는지도 모르겠다. 이 이상한 감각은 N의 증상으로 나타난 것은 아니지만 잠재적으로 환각이나 망상에

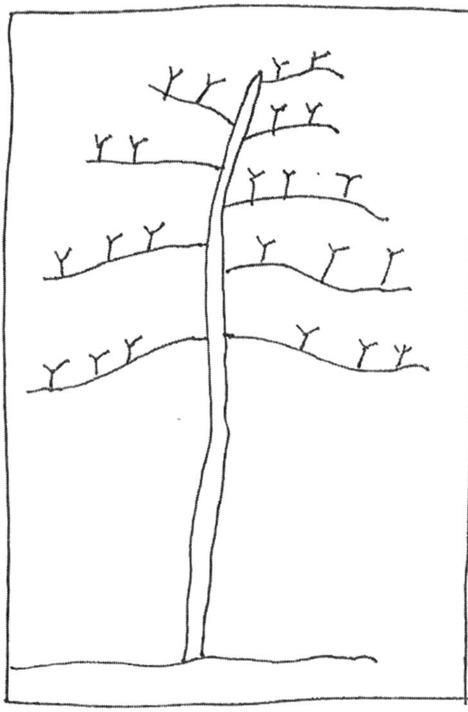

작품81

결부되는 과민함은 아닐까? 이러한 것을 이 나무그림은 표현하고 있다고 생각되었다. 이 시점에서 N은 아직 안정된 상태가 아니었다.

작품82는 앞의 작품81보다 1개월 후에 그린 나무그림이다. 앞 그림과 비교하면 땅은 같지만 줄기가 조금 굵어졌고, 가지도 선이었던 것이 두께가 있고 굵어졌다. 나무 전체가 상당히 튼튼해졌다. 또 위로 서있는 잎의 수도 23장에서 16장으로 줄어들었다. 단순한 생각인지

작품82

도 모르지만 N의 이상한 과민함이 감소해 가는 것인가라는 생각을 해보았다. 채색이 전혀 되어 있지 않은 것은 근본적으로 에너지가 저하되어 버렸기 때문일까. 변함없이 땅이 불안정하고 오른쪽에서 끊겨있다. 이것도 좀처럼 안정될 것 같지 않다.

앞 그림보다 확실히 좋아졌다는 느낌을 받았고, 에너지도 조금 더 생겼다. 그러나 N은 이러한 정신 상태로 살아갈 수 있을 것인가? 증상은 그 후 개선되어 퇴원해서도 안정된 생활을 할 수 있었다. 그러나 그것은 일을 그만두고 집에서 안전한 생활을 할 때만 안정된 상태였다. N의 나무그림이 나타내듯이 안테나를 더 이상 세우지 않고, 외부로부터의 위협을 받지 않고, 환경이 이 나무를 어떻게든 살아가도록 해주는 상황을 만들어 준다면, N의 생명의 나무는 쓰러지지 않고 마르지 않고 살아갈 수 있을 것으로 생각된다. 입원치료 후 N은 그러한 환경을 의식하고 조금씩 자기 자신의 생명을 길러 갈 수 있게 되었다.

◇ ◇

나무그림에 대해서는 미술치료법적인 고찰보다 그린 사람의 사람됨을 해석하는 방향으로 진행했다. 나무그림을 그리게 하고 그것과 관련된 것을 심리치료법으로 활용하는 것도 충분하다. 이장에서는 사전에 고찰해 본 풍경구성법을 그린 사람들의 나무그림을 보여준다는 의도도 있었으므로 거의 나무그림의 해설을 기술한 것이 되고 말았다. 환자나 내담자의 마음의 상태, 그 사람들의 사람됨, 어떤 심리적 특징, 어떤 것이든 조금이라도 알 수 있는 단서로서 미술치료가 도움이 된다면 좋겠다고 생각한다. 그것이 나무그림이든 풍경구성법이든 또 다른 그림기법이라도 좋을 것이다. 다만 내담자의 상태를 아는 정도이거나 눈치 채는 정도만이라면 안타까운 일일 것이다. 치료 과정 속에서 조금이라도 그림을 통해 강렬하고 마음 깊이 와 닿는 것이 있다면, 미술치료로서의 힘도 적절하게 발휘할 수 있을 것이라고 생각한다.

1) Bolander K.: *Assessing Personality Through Tree Drawing.* Harper Collins Publishers Ind. 1977.(高橋依子訳『나무그림에 의한 개성화의 이해(樹木画によるパーソナリティの理解)』ナカニシヤ出版, 1999年)

2) Bolander K.1 앞의 역서

3) Bach, S. : *Life Paints Its Own Span-The significance of spontaneous pictures by severly ill children-,* Daimon. 1990(老松克博・角野善宏 역『생명은 그 생애를 그린다 - 중병환자 어린이가 그린 자유화의 의미, (生命はその生涯を描く ―― 重病の子どもが描く自由画の意味) 』誠信書房, 1998년)

4) Bolander K.1 앞의 역서

5) Jung, C.:*Psychological Types.* Routledge & Kegan Parul, 1921.

6) Bolander K.1 앞의 역서

맺음말

필자는 최초로 임상을 실시하고 연수생 의사로서 훈련을 받았던 곳이 고오베 대학 의학부 정신신경과 대학병원에서였다. 그리고 연구와 수련을 쌓았던 곳이 같은 의학부 정신신경과 연구실에서였다. 당시 그 연구실의 교수는 나카이 히사오였고, 이 책에서 중심적 역할을 수행하고 있는 미술치료법인 풍경구성법을 만들어낸 정신과 의사였다. 그런 것도 있고, 필자는 미술치료법 특히 풍경구성법에 강하게 이끌렸다. 연구실에서의 증상사례 연구회에서 필자는 환자에게 실시한 풍경구성법을 자주 제출하였고, 나카이 선생의 지도에 감명 받았던 것이 생각난다. 그 당시부터 현재에 이르기까지 필자는 미술치료법 중에서도 특히 풍경구성법을 자주 치료에 사용하고 있다. 또 융 심리학과 미술치료법, 특히 풍경구성법과 결부해서 그것을 심리치료에 더 잘 활용할 있도록 격려해 주신 카와이 하야오 선생께 감사하고 있다. 그 덕택에 지금 필자의 심리치료법 가운데 하나의 스타일을 구축해 나갈 수 있게 된 것이다. 필자에게 있어서 풍경구성법은 심리치료를 실시함에 있어서 자유자재로 사용할 수 있게 되었다. 또한 필자가 심리임상으로 나아가는 계기가 된 제15회 심리임상학회(上智大學, 1996년)에서, 풍경구성법 발표의 좌장을 맡겨주신 카이토 아키라 선생(교토대학대학원교육학연구과・조교수)께도 감사한다. 그 후 필자는 더욱 더 풍경구성법 연구에 매진하게 되었다.

본서는 필자가 취리히・융 연구소에서 자격 논문으로 제출한 것을 기본으로 하여 쓴 것이다. 이것은 Yoshihiro Kadono: *Symbolic Interpretation of Drawing as a Therapeutic Aid-by a personal method drawing-*, Diploma Thesis C.G.Jung Institute, Zurich, 1993. 이라는 제목으로 융 연구소에 제출했다. 원래 이 논문은 당시 융 연구소 소장이었던 폴 부르체 박사에게서 수퍼비젼 받던 것에 자극을 받아 쓴 것이었다. 부르체 박사는 미술치료법에 조예가 깊어, 필자는 그림 보는 방법에 있어 그에게서 크고 새로운 영향을 받았다. 그래서 자격 논문을 그림으로 쓰려고 결심하게 되었다. 그러나 본서는 그 후 10년이나 경과했으므로 내용이 많이 변하게 되었다. 특히 취급하는 병증상의 사례가 늘었으므로 그 증례에 있어 그림을 조금이라도 많이 사용하고 싶어서 자격논문의 내용에 구애받지 않고 그림을 사용하여 자신의 생각을 말해 보았다. 당시와 비교해서 그림을 보는 눈도 조금씩 변하고, 그렇기 때문에 임상에서 활용하는 방법도 상당히 많이 변화했다. 필자는 시각적인 것을 우선순위에 두는 사람이므로 때로는 언어적인 면접보다 한 장의 그림이 훨씬 더 공감할 수 있고, 그림으로 더욱 치료의 의욕을 높일 수 있다고 생각한다. 그러므로 필자에게 있어서 미술치료법은 치료에 빠뜨릴 수 없는 것이 되었다. 물론 언어에 의한 면접보다 우수하다고 말하려는 것이 아니며, 미술치료법도 한계가 있음을 잘 알고 있다.

또한 사적인 내용이어서 죄송하지만, 필자가 가족과 함께 취리히・융 연구소에서 유학하던 중에 큰 딸이 그곳 마이렌(Meilen) 유치원에 다니고 있었다. 물론 그 유치원에는 일본인이 한명도 없었고, 이 아이는 갑자기 스위스어와 독일어 속으로 들어가게 되었다. 아무것도 모른 채 처음으로 하는 집단생활이 마이렌 유치원이었다. 아이 나름대로 즐겁게 생활하며 유치원에 들어간 지 2년 만에 돌연 스위스어와 독일어를 말하기 시작해 나를 깜짝 놀라게 한 기억이 있다. 이러한 이유로 이 아이에게 마이렌에서의 유치원생활 2년간은 그 나름대로 충실했던 것으로 생각되었다. 그런 중에 유치원에 들어가서 몇 개월 정도 되었을 무렵, 담임선생님이 아이가 최근에 특히 굉장히 열심히 그림을 그리고 있다는 이야기를 해주었다. 수업참관 때 아내와 같이 유치원에 갔을 때, 몇 장의 그림을 보여주었다. 그것들은 일련의 그림으로 이야기가 붙어있었다. 이것은 이야기 형식이었다. 1장 째 : 공주 한 명이 있다. 2장 째 : 공주 옆에 토끼가 있다. 3장 째 : 공주와 토끼가 있고, 그들을 위해 집이 있다. 4장 째 : 거기에 늑대가 와서 그들을 공격하게 된다. 5장 째 : 토끼가 공주 머리 위에 오른다. 6장 째 : 토끼가 늑대를 먹어 버린다. 7장 째 : 공주가 혼자 쌩긋 웃고 서있다. 그 중 몇 장인가는 교실 뒤에 붙여져 있었다. 필자는 이 그림들을 보고 놀라고 감동하고 말았다. 이 일련의 그림은 아이 내면의 성장 그 자체가 아닐까 생각했다. 이 그림들 속에 있는 토끼가 늑대를 먹어버린다는 발상이 매우 인상적이었다. 이 역전의 발상이 아이의 정신을 강하도록 지켰고, 스위스 유치원에 충분히 적응하도록 했을 것이다. 아이의 정신력과 성장을 확신하면서, 또한 그림 세계의 표현력에 새롭게 감동했다. 이것도 필자로서는 취리히에서의 귀중한 경험이었다.

이상의 경험이나 임상에서의 실천경험이 있었고, 필자에게 이 책을

쓸 수 있도록 해준 치료의 원동력이 되었던 모든 그림에 감사합니다. 물론 이 책에 사용한 그림과 환자·내담자 모든 분들께도 감사합니다.

마지막으로 이러한 본인의 생각을 받아들여 출판하도록 노력을 아끼지 않았던 일본평론사 대표이사인 하야시 카츠유끼 씨께도 감사합니다. 하야시 카츠유끼 씨와는 『분열증의 심리치료』(일본평론사) 이후의 만남으로 여러 가지 도움을 받고 있습니다. 감사합니다.

2004년 3월 29일

역자 후기

미술치료를 위해 여러 가지 진단적 치료적 기법들이 활용되고 있다. 특히 심리평가를 위한 투사 검사 기법이 많이 소개되고 있는데, 그 중 하나가 풍경구성법이다. 사람 마음의 심층은 깊고 깊어서 한 가지 기법만으로 진단할 수 있거나 한 두 번의 검사로 읽어낼 수 있는 것이 아니다. 새로운 진단 기법이 끊임없이 개발되는 것도 바로 이런 이유에서일 것이다. 그러나 검사를 위한 기법의 실시방법을 아는 것만으로 그 기법을 완전히 안다고 말할 수는 없다. 사람과 증상에 따라서 그림의 의미는 달라지고 새롭게 해석해야 하기 때문에, 다양한 사례의 증상과 그림을 비교하여 연구하는 과정을 통하여 보다 깊이 이해할 수 있게 될 것이다.

일본에서 개발되어 발전해온 풍경구성법이 우리나라에 도입된 것은 벌써 오래 전의 일이다. 그러나 사례연구에 대한 서적이 소개된 적이 없어 역자를 비롯하여 풍경구성법에 대해서 보다 깊이 이해하고 싶어 하는 사람들의 목마름이 컸다. 그러던 중 정신과 의사인 카도노 선생이 그의 환자에게 풍경구성법을 적용하고 치료과정에 따른 그림의 변화를 자상하게 분석하여 해석한 책을 보고 크게 감명을 받았고, 이를 번역하여 풍경구성법을 치료에 적용하고자 하는 미술치료사들에게 소개하고 싶다는 생각을 하게 되었다.

카도노 선생은 풍경구성법을 개발한 나카이 선생에게서 직접 지도를 받았을 뿐 아니라, 카와이 선생과 카이토 선생의 영향을 받아 풍경구성법의 연구를 심화시켰고, 취리히 융 연구소에서의 분석심리학에 대한 연구를 통하여 풍경구성법을 더 한층 발전시켰다. 특히 본서에서는 정신분열병환자의 치료에 풍경구성법을 적용하고 그림에 나타난 상징의 의미를 탐구하는 과정에서 마음의 세계를 파악하고자 하는 노력을 읽을 수 있다. 증상의 정도에 따른 그림의 변화과정을 생생한 경험을 바탕으로 해석하고 있어 풍경구성법을 배우고자 하는 사람들에게 크게 도움을 줄 수 있을 것이라 생각한다.

본서는 전반부에 미술치료에 대한 일반적인 내용을 다루고 있지만, 사례 중심의 내용이 대부분을 차지하고 있다. 그것이 이 책의 제일 큰 장점이긴 하지만, 풍경구성법에 익숙하지 못한 사람들에게 도움이 될 수 있도록 부록에 야마나카 선생이 편집한 책에서 '나카이 선생의 풍경구성법에 대한 소개, 도입방법과 시행 그리고 풍경을 구성하는 10개의 항목에 대한 상징과 의미'를 발췌하여 첨부하였다.

필자의 풍부한 임상 경험을 공유할 수 있음에 감사하고, 치료과정에서 볼 수 있는 선생의 그림에 대한 애정과 미술치료에 대한 진지한 태도에 존경심을 보낸다. 모쪼록 미술치료를 공부하는 사람들에게 의미 있는 책이 되기를 바라는 마음 간절하다.

2008. 4. 30

역 자

[부록]

나카이의 풍경구성법

(LMT: Landscape montage technique)

「풍경구성법」이란 코베대학 의과대학 정신과 교수 나카이 히사오 씨가 창안한 전혀 새로운 심리테스트이다. 이것은 그가 「난화그리기 기법」을 실시(호소키 테루토시細木照敏、일본대학교수로부터 나움버그 방법의 소개를 받아 자신의 아이디어로 연구하여 시도하였다)할 때 환자가 종종 가장자리를 두르는 듯한 선에서 시작하여 점점 중심으로 향하는 것을 경험한 것에, 카와이 하야오(河合隼雄, 교토대학 교수) 씨의 소개로 도입된 매우 특이한 치료법인「모래상자기법」(The Sandplasy Technique, 1965)의 이야기를 들었던 1969년 제1회 예술요법연구회(현재 일본예술요법학회 전신) 직후에 고안한 「테두리 기법」을 기초로 분열병환자에 대한 모래상자기법의 적용가능성을 두고 고안된 것이다.

나카이 히사오(中井久夫)에 의해 1969년 창안되어 널리 보급되었고(독일, 인도네시아, 미국 등에도 알려져 있다), 독자적인 가치가 인정되어 나카이(中井) 및 치바시 히데오(市橋秀夫), 나카사토 히도시(中里均) 등에 의해 이론적으로도 분석되었다.

모래상자기법은「퇴행」을 촉진하기 쉬운 모래 위에서, 또 「퇴행」을 일으키기 쉬운 완구종류를 사용하여 작품을 만드는 기법이다. 이러한 점이 아동이나 신경증환자에게는 분명히 치료적일 수 있는 것이 분열병환자에게는 오히려 비치료적일 수도 있다는 가능성을 간파한 나카이씨는, 3차원 공간을 2차원의 평면으로 낮추어 강, 산, 논, 길,

집, 나무, 사람, 꽃, 동물, 돌 등 항목을 차례대로 말하고 「풍경」을 구성하게 함으로써 모래상자가 가지는 부작용을 줄이고, 누구에게라도 똑같은 도입방법으로 따라서 실시하는 것이 가능하도록 하였다. 이 치료법은 후속 연구를 하는 사람에게 있어서는 아주 간단한 용구(도화지와 사인펜과 크레파스)와 방법으로 가능하게 되었고, 실로 단순한 것같이 생각될지도 모르지만 항목의 배열 하나를 놓고 보더라도 대단한 것이고, 지금까지 임상을 통한 실제 경험에서 볼 때 로르샤하 검사법보다 더 탁월한 방법인 것을 확신할 수 있었다.

나카이에 의하면 로르샤하처럼 눈앞에 주어진 패턴을 읽고 선택하여 해석하는(그 자신의 의미로서의)투사적인 표상과는 대조적인 접근법이다. 네 면의 둘레에 테두리를 치는 것만으로 은연중에 구조화시키고, 흰 공간에 통합적인 지향성으로 하나의 전체를「구성」하는 구성적 표상을 기초로 하는 방법이다. 이 투사적 방법과 구성적 방법은 서로 보완적인 의의가 있는데, 특히 분열병의 평가(assessment)에는 두 측면을 모두 보지 않으면 안 된다고 주장하고 있다. 예를 들면 투사법에서는 빈곤하다고 평가할 수 있는 반응을 나타낸 파과형 분열병자가 잘 정돈된 풍경구성법을 나타내는 경우도 적지 않기 때문이다.

이 내용은 풍경구성법에 대하여 공부하고자 하는 독자들에게 도움을 주고자 야마나카 선생의 편저(山中康裕編集(2005). H·NAKAI 風景構成法-シンポジウム-. 岩崎學術出版社)의 내용을 일부 발췌 편집한 것이다.

1. 도입과 시행

1. 강

한 장의 도화지를 꺼내어, 사인펜으로 액자의 테두리처럼 하나의 선으로 **테두리**를 친다. 사인펜을 건네주면서 「지금부터 풍경을 그리려고 합니다. 잘 그리고 못 그리는 것을 보려는 것이 아니니까 그리고 싶은 대로 그려주세요. 단지 내가 말하는 순서에 따라 그려주시기 바랍니다」

온화하게 부담을 주지 않으면서 말한다. 사인펜을 받은 사람이 「못 그려요, 최근에는 그림을 그려본 적도 없고…」 라든지, 「예? 그림을 그리는 겁니까?」 라든지, 조금 주저하면서 난색을 표하는 경우도 있지만, 「먼저 강입니다. 강을 그려주세요」 라고 구체적으로 「강」 을 지시하면, 조금 생각에 잠겼다가 쓱 사인펜을 쥐고는 거침없이 그려나가는 사람이 많다. 물론 주뼛거리면서 한참을 망설인 후에 주위를 의식하면서 겨우 그리는 사람도 있다.

완만한 강을 그리는 사람, 엄청나게 큰 강을 그리는 사람, 급하게 흐르는 강을 그리거나 굽이치며 흐르는 강을 그리는 사람 등 여러 경우가 있지만 우선 「강」 에 의해 공간이 크게 분할되는 것이 주목할 부분이다.

「아, 이 사람이 그린 강은 오른쪽에서 왼쪽으로 흐르고 있구나」 라든지, 「한 가운데 강이 있어 좌우 두 영역으로 나뉘어져 버렸네. 이제 어떻게 하려는 것일까」 라든가, 「정말 작은 강이군. 이것을 표현하는 것조차도 너무나 힘들게 보이는구나. 재촉하지 말고 신중하게, 많이 배려하면서 진행하지 않으면 안 되겠어.…」 라든지, 여러 가지를 **마음 속**으로 중얼거리면서 「강」 그리는 것을 본다. 상당히 긴 주저와 침묵 뒤에 단숨에 끝내는 것을 마른 침을 삼키면서 응시할 때도 있는가 하면, 사인펜 끝이 약하게 흔들리는 것을 보면서 가능한 한 긴장의 도를 더하지 않도록 필요 없는 말이나, 노려보는 듯한 시선을 던지지 않도록 눈을 감고 조용히 심호흡을 하면서 조심스럽게 눈을 뜨는 경우도 있다.

2. 산

「자, 강을 그렸군요. 다음은 산입니다. 산을 그려주세요」

처음에 「풍경을 그린다」 는 말을 새겨들은 사람은 대체로 위쪽에 산이나 언덕 등의 공간을 어느 정도 남겨두고 강을 그리는 경우가 많으므로, 그대로 편안한 마음으로 산을 그리게 된다. 그러나 그 다음에 그릴 것을 조금도 염두에 두지 않고 힘껏 강을 도화지 상단에서부터 그려버린 사람은 「산」이라는 말을 듣고 한순간 당황하지만 그 다음에 여러 형태로 「산」을 처리한다. 공간이 일그러지는 것 등은 마음 쓰지 않고 척척 그려 넣는 사람, 매우 고심한 후에 지도처럼 등고선 모양의 「산」을 그려 넣는 사람, 「강」의 상단부분을 빈틈없이 뭉개고 거기에 「산」을 덧칠하는 사람 등 … 여러 가지가 있다.

3. 논(밭)

「다음은 논(밭), 논입니다. 논을 그려주세요」

우리나라 사람이라면 대개 이것은 별 문제되지 않는다. 그러나 논을 본 적이 없는 사람일 경우이거나, 「밭을 그려도 좋습니까?」라고 질문할 경우, 물론 「밭이라도 상관 없어요」라고 덧붙여 말할 수도 있다. 단 서양인에게 적용할 때는 'rice-field'라고 하면 무엇을 말하는지 모르는 사람이 많다. 더구나 'r' 발음이 어려워서 잘못 말하면 'lice(이의 복수)'가 되어, 황당한 얼굴을 하거나 경멸스런 반응을 보이기도 한다. 이런 때는 'Wiese(역자 주:독일어로 풀밭, 목초지라는 뜻)' 라든가 'meadow(역자 주:영어로 풀밭, 목초지라는 뜻)' 라고 하는 것이 좋을 것이다(이런 말은 와츠지 테츠로(和辻哲朗)가 『風土』에서 말한 것처럼 「목장」의 의미이지만, 서양에서 「목장」은 일본에서 생각하는 초원과는 다르게 오히려 「논」이나 「밭」에 가깝다).

4. 길

「자, 다음은 길입니다. 길을 그려 넣어주세요」

이 단계에서 「두개 그려도 됩니까?」라든가, 「다른 길을 더 그려 넣어도 좋습니까?」라고 물을 수도 있다. 물론 「강」이나 「산」이 마찬가지이지만, 일본어의 경우 편리하게도 구태여「하나의」라고 말하지 않아도 되는 점이 흥미롭다.「바움테스트」의 경우, 서구에서 들여온 것이므로「열매있는 나무를 **한 그루** 그려 주세요」라고 말하지 않으면 안 되는 부자연스러움이 있는 한편, 명확한 규정성이 있는 이점은 있다. 그러나 「풍경구성법」인 경우 그려진 수는 단수든 복수든 상관이 없다.

산, 강, 논(밭), 길이 그려지면「풍경」은 이제 거의 형태를 갖추게 된다. 이들은 「**원경군**(遠景群)」으로 분류되는 것으로, 이를테면 풍경의 골격을 이루고 구성의 기본을 형성하는 것이다. 그러나 정신병원에서 실시해보면 병동에서는 몇몇 만성분열병자나 정신지체자에게서, 외래에서는 일부 파과형인 사람에게서 「풍경」을 구성하는 것이 아니라 말하는 순서대로 정확하게 그림을 나열하는 것처럼 그리는 사람이 있다. 이 현상은「구성포기」라고 불리는 것으로, 그 자체가 하나의 뚜렷한「증상」이고「표현」이므로 그것은 그것대로 좋은 것이어서, 그것에 코멘트를 더하는 일 없이 계속해서 실시하도록 한다.

5. 집 · 나무 · 사람

「길 다음은 집입니다. 집을 그려 주세요」

이렇게 하여「집」「나무」「사람」순으로 그리게 한다. 창안자 나카이 히사오(中井久夫)선생은「집도 있으면 좋겠지요」라든지「나무가 있어도 괜찮겠지요」라는 식으로, 대상에 따라서 말끝을 적절하게 조절(이라기보다 극히 자연스럽게 나오도록 말한다고 하는 편이 보다 더 정확하리라)하도록 말한다. 어쨌든 검사자는 검사자로서「명령」하는 것이 아니라, 함께「**참여**」해서 하나의「그림」을 음미하듯이「공유」하면서 진행하는 것이 좋다고 한다.

집, 나무, 사람은 정확하게 house-tree-person의 순서로 되어 있고, 우리나라에서도 매우 넓게 사용되고 있는「HTP 검사」의 여러 요소이다. 또한「나무」만을 독립시켜「바움테스트」를,「사람」만을 독립시켜「인물화 검사」를 활용하고 있어, 투사그림검사법으로 이미 익숙한 검사이다. 이는 이들 항목은 매우 우수하여 인격을 투영한다고 말할 수 있으므로, 그 때문인지「사람」을 그리는 것은 종종 거부될 때가 있다. 이전 단계까지에서는「길」을 좀처럼 잘 그리지 못하겠다고 하는 경우가 있을 수 있다. 정신병 수준에 있는 사람의 경우, 당연히「길」을 잃고 있다고 하는 상징적인 표현을 할 수 있지 않을까. 또「사람」이 거부되지는 않더라도 멀리 작게 그려지든지, 아니면 근처에 크게 그려져 있어도 막대기 그림(stick figure)이라는 선으로만 묘사된 도식적인 표현으로 처리된다든지, 채색 단계에서 사람만 하얗게 남기고 바탕을 색칠을 하는 경우가 많다.「사람」의 표현은 그만큼 저항이 강한 항목인 것 같다.

6. 꽃

「자, 다음은 꽃입니다. 꽃을 그려 넣어주세요」

나카이 선생의 진면목은 여러 곳에서 뚜렷하게 드러나는데, 거부(reject)되는 일이 많은 즉 무거운 항목인「사람」뒤에「꽃」을 살짝 첨가하는 부분에서도 여실히 나타난다. 실제 검사를 실시하는 측에서도, 이 항목을 말할 때 안심을 하게 된다. 내담자 측에서도 마찬가지이다. 집 옆에 살짝 국화를 더 그려 넣는 사람, 길가 한 편에 들풀과 들꽃을 그려 넣는 사람, 사람 옆에 큰 꽃잎을 그리는 사람, 밭이랑에 석산화를 가득 피게 그리는 사람, 화분에 작게 그리는 사람 등 여러 가지이다. 그중에는 강에 동백꽃잎 한 장을 띄워 보내는 사람도 있다.

7. 동물

「꽃 다음은 동물입니다. 어떤 동물이라도 상관없습니다. 동물을 그려주세요」

사람 그리기를 거부한 사람도 동물은 그리는 사람이 많다. 사람은 좀처럼 신뢰할 수 없지만 동물은 배신하지 않기 때문일까. 아니면 아무 말 없는 동물의 형태를 빌어 자신을 가만히 나타내고 있는 사람도 있다.

개, 고양이, 토끼, 닭 등 가축이 가장 많다. 말이나 소 등을 그리는 경우도 많다. 사슴이나 기린, 판다, 코알라, 사자, 호랑이, 코끼리 등 동물원에서 사람들에게 인기 있는 것을 그리는 경우도 있다. 때로는 사람이 싫어하는 뱀이나 개구리를 그리는 때도 있지만 좋아서라기보다는 그리지 않으면 안 되니까 그리는 수도 있다. 고슴도치, 악어, 돼지, 너구리 등이 선택 될 때도 있다. 그리는 사람이 바로 앞에 있고 그 사람에 대하여 조금이라도 알고 있으면 있을수록, 선택되는 동물이 그리는 사람의 어느 측면을 절묘하게 말하고 있어 자기도 모르게 웃음이 나오는 때도 있어 그 사람 심경의 한 면을 알고 가슴이 덜컥 내려앉기도 한다. 이 「느낌」은 사실 최초의 「강」 항목에서부터 모든 항목에 다 해당하는 것이기는 하지만….

8. 돌

「다음은 돌입니다. 돌을 그려주세요」

나카이 선생의 아이디어는 예를 들면 이 「돌」의 항목에서도 볼 수 있다. 말하자면 돌은 어떤 풍경화를 보더라도 슬며시 그려져 있는 경우가 많은데, 거석이나 묘석 혹은 경우에 따라서는 주인공이 될만한 눈에 띄는 돌은 별도로 하더라도, 거의 길 바닥이나 강가 혹은 집 옆이나 논두렁이나 나무 밑 등에 있어 어느 것이나 고요히 눈에 띄지 않는 돌을 10개 항목의 맨 마지막에 두었다는 것은 매우 나카이 선생다운 일이다. 나는 오랜 기간 동안 풍경구성법을 실시해 오면서 「돌」 항목이 좋다는 것을 진심으로 느낄 수 있었던 것을 요즘 들어 행복하게 생각하고 있다. 예를 들면 분열병 사람들이, 사람이나 동물이나 길을 거부하면서도 「돌」 만은 소중한 듯이 견고하게 일정한 위치에 두는 경우가 많은 것이라든가, 신경증에 해당하는 사람들이 확실히 길에 널린 것처럼 많은 돌을 어지럽게 흩뜨려 놓는다든지, 강박증인 사람들이 가득 차게 돌을 깔듯이 하여 강둑을 보호하거나 하는 것을 볼 때 이런 느낌이 강하게 든다.

9. 부가물

「제가 말하려는 것은 이 정도입니다. 마지막으로 무엇인가 부족한 것이나 더 그려 넣고 싶은 것이 있다면 그려주세요. 또 지금까지 그린 것 중에서 미완성한 부분이 있다든지, 좀 더 추가하고 싶은 부분이 있다면 그려도 좋습니다. 하여튼 풍경을 완성시켜 주세요」

이것을 부가물(addition)이라고 한다. 가장 많이 추가하는 것은「다리」이다. 다리는 종종「길」단계에서 강을 건널 때 이미 그려진 경우가 많다.「태양」이나「달」이 부가되는 경우도 있다. 하늘에「구름」, 강에「물고기」가 헤엄치도록 그리는 사람도 있다. 길가나 논두렁에「풀」이 자라게 하고, 집에「창」이나「커튼」을 더 그리는 사람,「문」을 닫는 사람, 여는 사람 등 여러 가지가 있다. 이러한 풍경화의「장식물」들은 환자의 자유로운 선택에 맡긴다는 점에서 참으로 좋다.「다리」등은 분명히 암시적으로 가리키는 항목으로, 굳이「말하지 않는다」는 점이 더없이 절묘한 것이다. 치료가 시작될 때는 강물이 도도히 흐르고 양쪽 강 둔덕은 멀리 떨어진 채였었지만, 치료가 이루어지고 있는 사이 어느덧「다리」가 놓여지면「아, 드디어 연결 되었어」라고 안심할 때의 기분은 누구라도 경험한 적이 있을 것이다.

10. 채색

이렇게 대략적인 그림이 완성되었다. 여기서 12색 내지 24색 정도의 크레파스를 꺼내어 「자, 여기에 색을 칠해 주세요」라고 지시한다.

그런데 어디부터 칠하기 시작할까? 산이나 논(밭)은 여름의 녹색인지, 가을의 노란색이나 붉은 색인지, 마른 잎의 색인지, 아니면 맨 땅의 흙색

뿐인지…. 집의 지붕은?, 벽은?……마음 설레며 지켜본다. 밝은 색이 칠해지면 즐거운 분위기에 젖어들고, 어두운색이 바탕에 있으면 역시 음울한 기분이 된다. 나카이 선생의 논문에 나타나 있는 것처럼 왼쪽 영역에서 점점 시들어가기 시작하는 광경이 눈에 들어오게 되면 마음이 조여드는 듯한 걱정이 내면에서 일어나게 된다. 아직 관해기에 이르지 않은 분열병 환자들은 종종 「강」과 「길」이 거꾸로 되어, 처음에 「강」이었던 부분에 갈색을 칠하여, 「아, 강은 말라서 물이 한 방울도 없는 것인가…」하며 낙담하고 있으면, 「길」이 물색으로 칠해져 강으로 변하기도 한다. 그때까지 「낮」 풍경이라고만 생각하고 있었지만, 하늘을 온통 검게 칠한 뒤 화면을 완전히 바꾸어 「밤」의 세계로 바꾸어 버리는 경우도 있다. 혹은 저녁노을이 진 새빨간 하늘로 그리는 사람도 있다. 색은 매우 훌륭하게도 투사적일 수 있는 것이다.

11. 질문

채색이 끝나고 마지막으로 크레파스가 상자에 정리되면, 검사자는 그려진 그림을 가지고 몇 가지 질문을 한다.

「그러면 좀 가르쳐 주실래요? 이것은 4계절 중 언제입니까? 시간은 몇 시쯤인가요? 날씨는? 강은 어느 쪽으로 흐르고 있습니까? 사람은 몇 살이고 성별은? 그리고 무엇을 하던 중입니까?…」 등등.

「예, 계절이요? 그런 것은 전혀 생각지도 않았습니다」라고 말할 때가 많다. 물론 당연한 것이다. 자기 마음대로 정해서 말하는 것이다. 지금 생각해도 좋다. 봄, 여름, 가을, 겨울이 있다. 시간이라면 이른 아침, 오전, 정오 전, 정오 무렵, 2시 3시 저녁 무렵, 밤 등 여러 가지다. 날씨는 이상하게도 「맑음」이 많지만, 때때로 「큰비」가 내릴 수도 있다. 물론 부가 단계에서 덧붙이는 것이지만 극히 드물게 있다. 사람은 어린이일 수도, 피검자와 비슷한 연령일 수도, 또는 노인일 수도 있다. 그때그때 환자의 심리적 상태를 나타내기도 하고, 예지적으로 미래를 먼저 나타내

보이는 무엇인가가 부여되기도 할 것이다.

12. 용지

이상이 나카이 히사오 선생이 고안한 「풍경구성법」의 도입과 시행이다. 당초 선생도 나도 8절 도화지를 사용했지만 면접을 포함하여 회기당 50분의 시간동안 다 끝내기가 어렵고, 한편 피검자도 피곤해하는 경우가 많았으므로, 현재에는 A4용지 크기의 도화지를 사용하는 것이 보통이다(이것은 바움테스트 용지와 꼭 같은 규격이다. 덧붙여서 말하면 이 크기는 297×210mm이지만 반드시 엄격하게 이 크기여야 하는 것은 아니다). 더구나 사인펜 내지 매직을 사용하는 이유는, 크레파스로 색을 칠했을 때 그린 선이 사라져버려도 뒤에서 비추어 보면 분명히 알아볼 수 있다는 점과, 지우개를 사용할 수 없다는 점이 있다. 물론 그 부드러움과 매끄러운 점이 좋아서 그리기 쉽다고 하는 점도 빠뜨릴 수 없다.

2. 각 항목의 상징과 의미

1. 강

이 기법의 주안점은 뭐라 해도 「강」을 최초로 그리는 것이라고 말해도 좋다. 앞뒤 생각하지 않고 대담하게 공간을 가르는 경우, 전체 위치를 확인하면서 유유히 선을 긋는 경우, 머뭇거리며 조금씩 연장시켜나가다가 테두리에 닿기 직전에 알아차리고 멈추는 경우, 크고 넓게 도도히 흐르는 큰 강물인가 싶으면, 단 한 줄기의 가느다란 선으로 그것도 너무나 짧게만 나타내는 경우 등 …. 「강」의 표현 하나만 두고 보더라도 참으로 다양하다.

「강」은 물론 「물의 흐름」이고, 종종「무의식」의 흐름에 비유된다. 사실 무의식에 지배당하고 있는 상태의 환자들은 종종 도도하게 흐르는 큰 강을 그리고, 여기저기 범람하고 물이 넘쳐나는 그림을 그리는 경우가 많다. 강박경향이 강한 사람이나 무의식에 대하여 자아경계가 위약한 사람은 강기슭을 꼼꼼히 돌로 쌓거나 콘크리트를 쳐서 제방을 보호하는 일이 빈번하고 때로는 개천을 그려 넣어 분산되어 흐르게 함으로써 성공적으로 급속한 평온을 나타내는 때도 있다. 참으로 물이 가지는 다양한 속성이 자유자재로 사용되어, 정신치료 과정에 있어서 중요하게 생각되는 치료자의 작은 놀람은 이미 이 「강」의 단계에서부터 시작되고 있다.

2. 산

타쿠보쿠(啄木)가 고향의 산을 빌어서 말한 깊은 심정은 헤아릴 수도 없지만 많든 적든 간에 자신의 고향 산이라는 것은 어떤 이미지를 마음속에 간직하게 하는 것이다. 그것은 준엄하게 높이 솟아있어, 무엇이든 지그시 바라보아주는 엄한 아버지 같은 심상이거나, 무엇이든 가슴에 품어주는 자애로운 어머니와 같은 부드러운 산이 나지막하게 있기도 하다. 멀리 눈을 머리에 이고 솟아있는 산은 분명 한번은 저 산에 오르고 싶다는 희망을 갖게 하고, 생의 마지막 도달 목표로서의 위치를 차지할 수도 있을 것이다. 한편으로는 눈앞에 버티고 서있어 앞길을 방해하는 산인 경우, 전도를 가로막는 장애를 의미할 수도 있다. 때문에「산」은 그리는 사람에 처해진「상황」과 앞으로의「전망」을 예견해주는 모습이 될 수도 있고, 종종 극복하지 않으면 안 되는 문제의 수를 시사할 수도 있다.

3. 논(밭)

말할 것도 없이「밭」이란 평지에서「경작되고, 마무리되는」부분이고, 일본에서는 대부분 벼를 심는 경작지로 논인 경우가 많다. 따라서 그려진 계절과 벼의 상태로 「모내기 할 때」 「파릇파릇 성장할 때」 「벼 이삭의 결실」 「추수」 「추수 후」 「휴경지」 등, 여러 「시기」를 나타낼 수 있고, 그것은 그린 사람의 마음이 지향하고 있는 「때」를 암시하고 있는 것을 표현하고, 때로는 「발병했을 때」, 때로는 「즐거웠던 때」, 때로는 「미래」를 예견하는 것이 될 수도 있을 것이다.

한편, 「논에서 일하는 사람」 모습이나, 「경작하고, 보살피는」 이미지에서 종종 「해야 하는 일」과 관련이 있음을 알 수 있고, 특히 아동이나 학생이라면 「면학」과 관련된다고 볼 수 있겠지만, 좀 더 일반적으로는 「문제」나 「의무」와의 관련을 나타내기도 하고 인격이 길러지고 (cultivate) 통제되는 부분으로 보는 견해도 가능하리라. 그런 의미에서 「문화」나 「교양」을 습득한 방법이나 통합 정도를 볼 수 있기도 하다.

또한 공간구성상 종종 「논」만은 조감도적인 구성을 이루기도 하는데, 공간의 「왜곡」이 있거나 이질적인 부분으로 나타나는 수도 있다. 지도 기호로 대체해도 좋다고 하는 사람은 나중에 말하게 될 인물화에서 막대기 그림(stick figure)과 비슷한데, 될 수 있는 대로 두께를 가진 육체나 감정을 최소화하려는 시도의 하나이기도 하지만, 사고가 앞서는 상황의 표현일지도 모른다. 거꾸로 하나하나의 벼를 정성들여 그려 넣고 이삭까지 한 알 한 알 빈틈없이 그려 넣는 사람들에게는 강박경향 뿐만 아니라 식물에 대해 관심을 기울이는 섬세한 심성의 일면도 엿볼 수 있을 것이다.

그리고 「논」에는 종종 「일하는 사람」이 배치된다. 이것도 재미있는 것으로 아파시(apathy, 역자 주: 무관심하거나 의욕이 결핍되어 무감동하는 상태)나 등교거부 혹은 비행을 저지른 경우, 놀고 있거나 학업에 태만한 사람이 오히려 많은 것은 「의식」 면에서의 게으름에 대한 보상이기도 하리라.

앞에서도 강박에 대해 잠깐 언급하였지만 산과 강 이외의 거의 모든 평면을 논으로 그려버리고 그것도 잘게 나누어서 벼를 한 포기 한 포기 그려 넣는 형태로 「강박」 경향을 최대한으로 발휘하는 것이 이 「논」 이라는 것도 풍경구성법이 가지는 숨겨진 진단성의 일면이다.(「강박」 은 이 외에도 길 양쪽에 심겨진 「가로수」 이기도하고 강 양쪽 둔덕에 「제방을 쌓은 돌」 등으로도 표현될 수 있다).

4. 길

「길」 에 이르면 아득히 먼 산까지 도달하는 길, 강을 따라 완만하게 나아가는 길, 집과 관계없이 묵묵히 이어지는 길, 도중에서 끊어진 길, 직행하는 길, 굴곡이 있는 길, 교차하는 길, 평행으로 달리는 길 등 여러 가지다. 뒤얽히어 복잡한 길도 있지만 곧바로 관통하는 길도 있다.

「길」 이라고 한다면 일본인이라면 누구라도 금방 떠오르는 시가 있다. 타카무라 코다로의 「도정(道程)」 (1914년)이다.

나의 앞에 길은 없다
나의 뒤에 길은 생긴다
아아, 자연이여
아버지여
나를 한 사람으로 서게 한 광대한 아버지여
나에게서 눈을 떼지 말고 지켜주소서
항상 아버지의 기백을 저에게 채워주소서
이 먼 도정을 위하여
이 먼 도정을 위하여

마치 「강」 을 「무의식」 에 비교한 것처럼, 「길」 은 이 시에서도 분명하듯이 「의식」 이고 「인생의 길」 로서 명확하게 의식하는 것을 표현하고 있다. 예를 들면 어느 대인공포증이 있는 남성은 교묘하게 「이것은 인생을 결정하려는 길이 아니고 극히 평범한 이랑 길로 국도에 연결되는 듯한 그러한 길입니다」라고 말하듯이, 지나치게 긴장해서 생각할 필요는 없다는 것은 분명하다. 하지만 그것은 그것대로 역시 하나의 「길」을 말하고 있으므로 그 길이 아득한 강 위에서 다리를 건너기만 해도 안심을 할 수 있을 것이다.

정신적인 「길」의 가장 두드러진 것은 뭐라고 해도 노자의 『도덕경』 제1장에 귀결된다. 거기에서 「길」은 우주의 근원, 본체로서의 「길[道]」을 말하고 있고, 유학에서 말하는 인륜의 「길」과 비교해서는 안 된다.

5. 길과 강의 관계

「길」과 「강」 항목의 관계에서 우리들이 실시했던 한 가지 통계 자료를 보고자 한다. 이것은 난잔(南山)대학 졸업 논문에 의한 것으로, 아시타츠 우다코(足立歌子), 스즈키 야스코(鈴木康子)양에 의한 「나와 집-풍경구성법에서의 고찰」(1979년)에서 주로 청년기에 있는 남녀의 자립 문제를 풍경구성법으로 검사한 것이다. 대상은 아이치현에 거주하는 18세~25세 청년남녀 각각32명씩 합계64명(학생 39명, 사회인 25명)으로, 모두 미혼자였다. 본 조사에서 「길」은 주로 「장래」를 암시하는 것으로 보고, 「행선지가 확실히 나타나있는 것」과 「행선지가 정해지지 않았는지 차단되어있는 것」으로 나누어 보니, 남자는 76%의 사람이 확실한 하나의 길을 그리고 있음에 비하여 여자는 31% 밖에 없었다. 여기에 대해서도 강으로 차단되어진 채 머무르고 있는 길이 남자 3%에 비하여 여자는 25%나 있고, 다른 행선지로 갈라지거나 두 갈래 길이여서 정하지 않는 것이 남자 22%에 대하여 여자는 43%로 배 가까이나 된다. 이 남녀 차이는 상당히 시사적이라고 말할 수 있지 않을까. 특히 여자에게 강으로 차단된 채 그대로 끝나버린 길이 4분의 1이나 볼 수 있는 것은, 여성에게는 「강을 건너는」 의미가 「강을 건너

다른 세계로 간다」는 것, 즉「결혼」을 의미할 수 있다는 것을 말하고 있는 것은 아닐까(남성에게 결혼은「다른 세계로 간다」고 할 정도의 큰 변화는 아니다. 남성에게 「강을 건너는」의미는 오히려 다른 것을 추구한다는 쪽이 좋을 것 같다).

6. 집 · 나무 · 사람

「집」·「나무」·「사람」의 중경군(中景群)에 대해서는 여기서 굳이 말하지 않아도 될 것이라고 생각한다. 그것들에 대해서는 이미 앞에서 말하였듯이 기존의 그림검사에서 연구가 되었기 때문이다.

7. 꽃

여기에서는 「집」·「나무」·「사람」의 중경군(中景群)을 건너뛰고 근경군(近景群)에 대하여 고찰해보고자 한다.

먼저「꽃」을 보면, 「꽃」은 생활의「장식」이고,「화려함」이고, 특히「색을 첨가하는 것」이다. 그러나 그것은 때로「높은 봉우리의 꽃」이기도하고, 때로는 장례식 때의 헌화하는 것이기도 하다. 새빨갛게 길가를 장식하는「석산화」는 영혼들을 공양하는 꽃이고, 육친의 죽음을 애도하는 아이들의 그림에 이상하게도 자주 그려진다. 또한 화분에 심겨져 있는 꽃, 강을 흘러가는 꽃, 베란다를 장식한 꽃, 각각이 지니는 의미가 미묘하게 차이가 있음을 말할 것도 없다. 애써 그린 꽃에 색을 칠하지 않는 분열병환자도 많다. 교묘하게도 그들이 말하듯이「감정이 실감나게 느껴지지 않는」 것의 한 표현이기도 하리라.

8. 동물

「동물」에 대해서 나는 일가견을 가지고 있다. 그것은「다른 것으로 다시 태어나기를 바라는 것」으로, 이미 이전부터 다루어 왔던 항목이기도 하지만, 사실 매우 흥미로운 투사가 이루어지기 쉬운 항목이기 때문이다.

분열병을 앓는 환자들이나, 대인공포증 사람들 중에는 토끼를 즐겨 그리는 사람이 있다. 그 민감함, 겁이 많음, 의지할 곳 없음, 아무 무기도 없어 기댈 곳 없는 등의 속성이 완전히 딱 들어맞는다. 그러나 때로 그들은 고슴도치, 매, 상처 입은 사자 등의 모습으로 억압되고 쌓인 공격성을 단번에 표출하는 경우도 있다.

자신의 용모나 차림새 때문에 다른 환자가 싫어하는 것 때문에 점점 위축되어 병동 한쪽 구석에 가만히 앉아있던 환자가, 이 풍경구성법에서 집이나 나무, 사람은 물론이고, 산, 강, 길까지 작게 살그머니 화면의 왼쪽 하단 구석에 움츠리듯 그려 놓았으나, 동물을 그리는 단계에 와서는 큰 코끼리 한 마리를 당당하게 그리거나 하는 것을 볼 수 있다. 이때, 아.. 이 사람이 마음속으로는 코끼리로 다시 태어나서 작아져 있는 현실을 보상하고 있구나라고 생각해도 좋고, 그대로 받아들여 정말로 이 사람 내면에 큰 에너지를 갖고 있구나.. 그것을 어떻게 끌어내는가 하는 것이 지금부터의 치료 목표가 되겠구나라고 고쳐 생각하면서 지금까지의 견해에 큰 맹점이고 실수이었던 것을 반성하게도 한다.

그런데 일가견이 있다고 좀 과장되게 이야기 하였지만, 그 하나는 하나의 관점을 주는 것으로 어떤 기준이 된다. 「동물」이라고 하더라도 앞서 말한 코끼리, 기린, 하마, 코뿔소 같은 큰 동물에서 고양이, 개, 토끼, 쥐 같은 작은 동물까지 여러 종류가 있다. 필자는 우선 그 동물의 「크기」를 본다. 물론 그려진 화면에서의 크기도 고려하지만, 지금 말하고 있는 것은 그 동물이 가지는 원래 「크기」에 대하여 말하고 있다. 나는 기준을 사람에게 둔다. 즉 사람을 1의 비율로 생각하고 본다(수치로 표시하고 통계를 내는 것은 아니다). 1보다 크다면 그 사람이 가지는 에너지가 크다는 것을, 작다면 작다는 것을 나타내고 있다고 본다.

하는 일 없이 놀고 있는 사춘기 내성적이고 폐쇄적인 소년(예를 들어 등교거부)이 종종 소나 말을 그리는 일이 많은 것은, 밖으로 보이는 에너지는 작지만, 잠재하는 정신 에너지가 크다는 것을 예측하게 한다. 반대로 굉장히 난폭하여 주위 사람들을 떨게 하는 교내 폭력을 행하는 소년이 그리는 동물이 쥐이거나 하면, 다급하면 쥐가 고양이를 무는 것처럼 본인을 궁지에 몰아붙이는 주위 상황에 지금 한번 주의를 기울여야할 필요성을 느끼기도 해야 할 것이다.

동물 그 자체의 상징성을 결부시켜 생각하는 여유도 필요하다.

판다, 기린, 공작 등과 같은 「눈에 띄는」 동물, 코알라, 강아지, 고양이 새끼와 같은 사랑스러운 동물, 뱀, 돼지와 같은 혐오감을 주는 동물, 악어, 상어 같이 삼킬 듯한 큰 입과 날카로운 이빨로 표현되는 강렬하고 공격적이거나 부정적인 원형, 새끼 양이나 가젤(gazelle, 역자 주: 아프리카 영양의 일종)과 같은 온순한 동물 등, 저마다 동물이 가지는 속성을 중심으로 거기에 부여되는 인간이 가지는 이미지가 있지만, 평소 이러한 동물의 자세한 특성이나 생태에 관심을 가지거나 신화나 옛날이야기 등에 눈을 돌리면 환자들의 뜻밖의 면을 볼 수가 있다.

9. 돌

「돌」의 의미는 깊고 무겁다. 가장 큰 속성이라면 견고함, 차가움, 불변성이다. 그 희소성과 아름다움이 귀하면 귀할수록 보석으로서 존중되기도 하고, 영원의 불변성을 빌어 묘석이 되기도 하고 기념비가 되기도 한다.

어머니가 목매달아 자살한 후 마음의 문을 닫아버렸던 어느 중학생 남자 아이는 논이랑 한 쪽에 석산화를 그리고 그 무더기 한 쪽에 작은 묘석을 그렸는데, 선명한 인상으로 내 마음 속에 계속해서 강렬하게 남은 적이 있었다.

돌은 보통의 경우는 눈에 띄지 않는 것이고 무수하게 많은 것으로, 평소에는 그 존재조차 관심이 없을 때가 많다. 그러나 큰 돌이거나 큰 바위이면 이것들이 우뚝 솟아 앞길을 가로막고, 무겁게 짓누르고 있어

「장애」, 「무거운 짐」, 「엄격함」을 나타내기도 한다.

또한 적당한 크기의 돌이라도 놓인 위치에 따라서 여러 가지 의미를 가지게 되리라. 길 위에 굴러가는 돌, 강 속으로 날아드는 돌, 지붕 위의 눈이 흘러내리지 않도록 괴는 돌, 논이랑이나 나무 아래에 있는 한 덩이의 돌, 산 정상의 이정표 등등 사람과 돌과의 관계는 의외로 깊다고 할 수 있다.

찾아보기

ㅂ

ㅅ

ㅇ

ㅈ

ㅊ

ㅋ

ㅌ

ㅍ

ㅎ

● 저자 약력

카도노 요시히로(角野善宏)

1959년 오사카에서 태어남. 1986년 에히메(愛媛)대학 의과대학 졸업. 정신과 의사(의학박사), 임상심리사.

1990~93년 취리히 융 연구소 유학, 융학파 분석가 자격취득. 1987~90년과 1993~2000년, 의료법인 쥬코카이 오무라(樹光会大村)병원근무. 현재 쿄토대학원 교육연구과 부속 임상교육 실천연구센터 조교수. 주저서로『分裂病の心理療法』(日本評論社, 1998年),『生命はその生涯を描く一重病の子どもが描く自由画の意味(생명은 그 생애를 그린다 - 중병어린이가 그린 자유화의 의미)』(공역, 誠信書房, 1998년),『繪が語る秘密―ユング派分析家による絵画療法の手引き(그림이 말하는 비밀-융 분석가에 의한 회화요법 입문)』(공역, 日本評論社, 2001年)등.

● 역자 약력

전영숙

수련감독 미술치료전문가
영남대학교 대학원 박사(가족학)
영남대학교 대학원 미술치료학과 강사
경북대학교 평생교육원 미술심리상담지도사과정 강사
<저서>
생활 속의 작은 심리 이야기(공저)
미술치료 개론(공저) 외

유신옥

대구대학교 교육대학원 일본어 전공 석사
바이코(梅光)대학 일본문학 박사 수료
대구대학교 일본어학과 겸임교수